KB056501

한반도 평화를 향한
다섯 가지 시선

한반도 평화를 향한 다섯 가지 시선

초판 1쇄 인쇄 2024년 6월 17일
초판 1쇄 발행 2024년 6월 28일

저 자 구양모, 안태형, 이인엽, 한기호, 허현
(Korea Peace Study Group)

펴낸이 윤관백
펴낸곳 선인

등 록제5-77호(1998. 11. 4)
주 소 서울특별시 양천구 남부순환로48길 1, 1층
전 화 02-718-6252
팩 스 02-718-6253
E-mail sunin72@chol.com

정 가 15,000원

ISBN 979-11-6068-896-2 93300

■ 잘못된 책은 교환해 드립니다.

한반도 평화를 향한 다섯 가지 시선

구양모, 안태형, 이인엽, 한기호, 허현
(Korea Peace Study Group)

선인

이 책은 지난 3년간 진행된 '한반도 평화 연구 모임(Korea Peace Study Group)'의 결과물입니다. 저희 모임은 미국 LA에서 한반도와 동북아의 화해와 평화를 위해 활동해 온 NGO단체인 'ReconciliAsian'의 제안과 지원으로 시작되어, 현재 한국과 미국에서 한반도의 평화에 관심 갖고 연구와 활동을 해 오던 다양한 분들로 구성되어 있습니다. 코로나19가 한창이던 지난 2021년 7월부터 매월 온라인으로 연구 발표를 진행했습니다. 의미있는 내용들을 저희 연구 모임 내에서만 나누기는 아쉽다는 생각에, 2023년 6월 13일 경인통일교육센터와 아주대학교 아주통일연구소, 경기지역 통일교육선도대학 연합 주최로 "정전협정 70주년: 더 나은 미래를 위한 실천적 담론"이라는 제목의 온라인 학술회의를 진행했습니다. 이후 오프라인으로 2023년 6월 29일 미국 LA 소재 캘리포니아 국제대학(California International University)에서 '정전 70주년 기념: 한반도 평화를 위한 통합적 성찰과 모색'이라는 이름으로 컨퍼런스를 개최했습니다. 캘리포니아 국제대학의 박문규 학장께서 많은 지원을 해 주셨고, 마침 안식년으로 미국에 계시던 고려대학교의 김남국 교수께서 사회와 토론을 맡아 주셨습니다. 여기서 발표한 내용들을 1년간 수정, 보완하여 이렇게 책으로 출판하게 되었습니다.

첫번째 장인 '신냉전의 부상이 한반도 평화와 안보에 주는 함의'의 구양모 교수는 미국의 노르위치 대학(Norwich University)의 정치학과 교수입니다. 최근에 논의되고 있는 신냉전의 개념을 과거의 냉전과 비교하고, 신냉전의 도래가 한반도에 어떤 영향을 미칠 것인지, 그리고 이에 대응하는 한국 정부의 외교정책을 둘러싼 쟁점을 정리하였습니다.

두번째 장인 '분단의 힘, 관행에서 연대로'의 한기호 교수는 한국의 아주대학교 아주통일연구소의 연구실장으로, 이전에 통일부 서기관으로 남북 최초의 공동연락협의기구인 개성 남북공동연락사무소의 운영과장으로 근무한 경험이 있습니다. 한반도 분단이 야기한 실존적 힘과 관행적 특성을 분석하고 이를 극복할 수 있는 방안을 모색하고 있습니다.

세번째 장인 '북미 협상의 장애물: 북한에 대한 미국의 선입견, 그리고 인식과 오판의 문제'의 이인엽 교수는 미국의 테네시 테크 대학의 정치학 교수입니다. 북미 협상이 성공하지 못한 한 이유로, 북한을 바라보는 미국의 시각에 존재하는 오리엔탈리즘의 문제와 인식과 오인의 문제를 설명하고, 그것이 구체적인 북미 협상의 사례들에서 어떻게 걸림돌로 작용했는지를 분석했습니다.

네번째 장인 '타자철학과 한반도 평화: 레비나스, 데리다, 들뢰즈의 철학을 중심으로'의 안태형 박사는 미국 캘리포니아에 위치한 한반도 미래전략연구원 수석연구위원으로 학술 활동과 더불어 한반도 평화를 위한 미 의회 로비 활동 경험이 있습니다. 타자철학을 대표하는 레비나스, 데리다, 들뢰즈의 철학을 정리하고, 그것이 북미관계, 한미관계에 어떤 함의를 주는지 설명하고 있습니다.

마지막 장인 '용서, 그 긴 여정: 기독교 평화주의 관점에서 본 동북아 화해'의 허현 공동대표는 메노나이트 교단의 목사이자 미국 LA에 자리잡은 ReconciliAsian 공동대표로, 동북아 화해를 위해 다양한 활동을 해 온 바 있습니다. '화해와 평화, 진실과 정의'를 위한 기독교의 신학적 성찰들과 실천적 노력들을 정리하고, 그것이 동북아의 화해에 주는 시사점을 기술하고 있습니다.

챕터 구성에서 드러나듯 이 책의 특징은 한반도 평화와 관련해 다양한 배경에서 연구와 활동을 해온 분들이 생각을 모았다는 점입니다. 정치학자, 철학자, 신학자, 관료출신 연구자들이 동북아의 구조를 설명하는 신냉전 문제, 한반도의 분단구조, 북미 간의 협상의 문제 등을 국제정치, 정치학적 시각으로부터 타자를 인식하는 철학적 성찰, 그리고 화해와 평화, 진실과 정의를 위한 신학적 성찰들이 주는 함의까지 다양한 주제의 글을 모았습니다. 책에 담긴 글의 성격과 주제는 다소 상이하지만 이와 같은 독특한 기획과 만남이 있었기에 한반도 문제에 대한 각양각색의 통합적 성찰과 모색이 가능했다고 생각합니다.

지난 문재인 정부의 평화 프로세스와 중재외교는 북미간의 싱가포르 합의와 하노이 회담으로 이어졌지만, 하노이 회담 결렬 이후 북미관계, 남북관계는 경색국면의 늪에 빠져 있습니다. 윤석열 정부의 담대한 구상 역시 북한의 호응이나 한반도 상황의 실질적인 진전을 보여주지 못하고 있습니다. 최근 한미일 안보협력의 강화와 북중러의 결속으로 동북아의 신냉전 상황은 나날이 가속화되고 있으며, 러시아-우크라이나 전쟁과 이스라엘-하마스 분쟁도 국제체제의 불안정성을 심화시키고 있습니다. 이러한 주변 정세의 어려움 속에서 이 책에 녹여낸 저자들의 지혜가 한반도 평화를 향한 여정에 조금이나마 도움이 되기를 기대합니다.

Korea Peace Study Group

3장 북미 협상의 장애물: 북한에 대한 미국의 선입견, 그리고 인식과 오판의 문제

4장 타자철학과 한반도 평화: 레비나스, 데리다, 들뢰즈의 철학을 중심으로

5장 용서, 그 긴 여정: 기독교 평화주의 관점에서 본 동북아 화해

1장

신냉전의 부상이
한반도 평화와 안보에
주는 함의

구양모(노르위치대학교)

들어가며

　한반도의 안보와 평화는 국제질서의 변화에 긴밀한 영향을 받아 왔다. 예컨대, 1953년 한국전쟁 이후 1970년대 초반까지 남북한은 자본주의와 공산주의의 첨예한 대립구도인 세계적 냉전 구조 속에서 대결 지향적인 관계를 유지할 수 밖에 없었다. 그러나, 1960년대에 프랑스와 서독에서 시작된 데탕트와 그 후 1970년대 초에 이루어진 미국과 중국 관계의 빠른 해빙의 물살을 타고 남북한은 처음으로 긴장을 완화하는 조치를 취할 수 있게 되었다. 비록 실제적인 남북 화해로 연결되지는 않았지만, 1972년에 남북 고위 관료의 왕래가 있었고 7'4 공동성명으로 대변되는 평화에 대한 움직임이 그러한 국제 질서의 변화 속에서 한국 전쟁이후 처음으로 취해졌다. 그리고, 1989년과 1991년 각각 독일의 베를린 장벽이 무너지고 소련이 붕괴됨으로써 2차 대전 이후 40여년 이상 지속되었던 동서간 냉전이 종식되었다. 이 무렵 남북한은 여러 차례의 남북고위급 회담을 거쳐 1991년 12월에 유엔에 동시 가입하였고, 화해 및 불가침, 교류협력 등에 관한 남북기본합의서를 체결하였으며, 한반도 비핵화 공동 선언을 발표함으로써 다시한번 화해와 공조의 분위기를 마련할 수 있었다. 이와 같이 국제질서의 변화는 한반도 안보와 평화에 상당히 큰 영향을 끼쳐 왔음을 알 수 있다.

그런데, 1990년대초 이후 전세계적인 탈냉전 기간 동안 한반도는 냉전의 그늘에서 여전히 벗어나지 못하고, 남북한의 갈등이 지속되는 어려움을 겪어왔다. 물론, 1999-2000년에 페리프로세스에 기반하여 북미 관계가 수교 직전까지 가고, 최초의 남북 정상회담이 열리는 등 한반도에 화해와 평화의 분위기가 고조되었지만, 2001년 미국 부시 행정부의 출현과 함께 다시 대결적 구도로 돌아서게 되었다(임동원 2015). 더 나아가, 2008년 이후의 세계질서는 미국 중심의 서구 세계가 빠르게 부상한 중국과 공격적이고 팽창적인 러시아에 맞서 상호 갈등과 대결이 점점 더 심화되어 가고 있는 상황이다. 공산주의 대 자본주의의 이념대결 구도가 명확했던 20세기 후반부의 냉전 구도와는 달리, 현재의 국제정세는 민주주의 대 권위주의의 대결로 요약되는 신냉전의 구도가 형성되고 있다. 이러한 세계적인 변화속에서 동북아시아는 북중러 대 한미일의 대결적 구도가 첨예해지고 있고, 한반도 또한 그러한 지정학적인 변화에 강한 영향을 받고 있다. 이러한 상황 인식하에서 이 장에서는 제 2차대전 이후 국제 질서가 어떻게 냉전에서 탈냉전으로 그리고 다시 신냉전으로 변화되어 왔는지를 개괄한 후 신냉전이 부상하는 동안 펼쳐진 남북한의 외교안보 정책의 흐름을 살펴볼 것이다. 그리고, 그 다음 부분에서는 2008년 이후 점진적으로 진행되어온 미중 갈등의 고조로 인한 신냉전의 부상과 2022년 2월 러시아의 우크라이나 침공으로 더 뚜렷해 진 신냉전의 새로운 국제질서가 한반도의 평화와 안보에 어떠한 영향을 미치는지를 분석한다.

　　신냉전의 부상은 네가지 측면에서 한반도 평화와 안보에 전반적으로 부정적인 영향을 끼친다고 볼 수 있다. 첫째, 동북아시아에서 대결적인 신냉전이 부상함으로써 주요 관련국들의 상호 대화와 관여를 통한 한반도 핵문제 해결이 점점 더 어려워지고 있다. 둘째, 2022년 5월에 출범한 한국의 윤석열 정부가 권위주의 대 민주주의의 신냉전 구도속에서 자유, 민주주의 그리고 인권이라는 가치에 중점을 두고 미국 밀착 외교와 한미일 안보 공조 체제를 강화함으로써 북한의 행동을 변화시킬 수 있는 여지가 상당히 축소되었다는 점이다. 셋째, 한미일 대 북중러의 신냉전 체제속에서 윤석열 정부가 안보 문제에 집중하여 한일 역사 문제(특히,

강제동원문제)를 일본 정부나 기업의 사과와 보상이 아닌 한국의 기업들이 출연한 기금으로 조속히 해결하려고 한 것은 국민적 공감대가 매우 약할 뿐만 아니라 장기적인 관점으로 볼 때 동북아에서의 화해와 협력을 이루어가는 일에 부정적인 영향을 초래할 수 있을 것이다. 마지막으로, 한미일 대 북중러 대립의 신냉전 구도는 동북아 역내 국가간 군비경쟁(핵무장 논의 포함)을 부추기고 장기적인 관점에서 동아시아의 평화와 안정을 방해하는 요소로 작용할 가능성이 크다.

국제질서의 변화: 냉전에서 신냉전까지

1945년 2차대전이 종결된 후 1991년 소련이 해체되기까지 냉전의 세계질서는 전반적으로 미국을 중심으로 한 자본주의 서구 세력과 소련을 필두로 한 공산주의 체제의 첨예한 대립이 지속되었다. 그 냉전 기간동안 비록 두 강대국, 미국과 소련 간의 직접적인 군사충돌은 없었지만, 한국전쟁(1950-1953), 베트남 전쟁(1955-1975), 그리고 아프카니스탄 전쟁(1979-1989)과 같은 대리전(proxy war)을 통하여 여러 관련국들은 엄청난 인명 피해와 제반 산업시설이 파괴되는 고통을 겪었다. 또한, 국제사회는 유엔 안보리 상임 이사국들인 미국, 소련, 영국, 프랑스 그리고 중국의 핵무기 개발과 각종 첨단 군비 경쟁으로 인하여 상호확증파괴(mutually assured destruction: MAD) 의 공포에 시달릴 수 밖에 없었다. 물론, 1960년대 말부터 1970년대 중반까지의 데탕트(détente)로 대변되는 동서진영간 긴장완화 기간이 있었고, 1980년대 중후반 고르바초프의 신사고(new thinking)에 기반을 둔 소련의 개혁 개방 정책으로 인해 미국과 소련 간에 관계 개선(rapprochement)이 있었지만, 군사적 그리고 이념적 긴장은 상존하고 있었다.

이러한 냉전의 양극 체제(bipolarity)는 아무도 미리 예상하지 못했던 1989년 베를린 장벽의 붕괴를 시작으로 1991년 소련이 해체되면서 막을 내리게 되었고, 그 후 미국이 초강대국으로 세계질서를 주도하는 탈냉전의 단극 체제(unipolarity)가 출범하였다. 그 당시 미국의 정치학자 프랜시스 후쿠야마는 '역사의 종언' 즉, 자유 민주주의에 대항할 수 있는 다른 이념의 등장은 이제 더이상 가능하지 않게 되었다고 선언함으로써 세계적 주목을 받기도 하였다(Fukuyama 1989). 1990년대와 2000년대에 세계 패권국인 미국은 압도적인 군사력과 경제력을 바탕으로 민주주의의 세계적 확장을 꾀하며 일방주의적 정책을 추진하였다. 특히, 초강대국 미국은 2001년말 9/11 테러 사건후에 발표한 핵태세검토보고서(Nuclear Posture Review)에서 불량국가에 대한 선제적 핵공격 가능성을 언급하며 공격적인 대외 정책을 표방하였다(Kristensen 2002). 또한 미국은 유엔을 중심으로 하는 국제 사회의 강력한 반대에도 불구하고 2003년 이라크 전쟁을 감행하는 일방주의를 스스럼없이 드러내기도 하였다(Wallis 2006).

한편, 미국 주도의 탈냉전 국제질서 가운데 나타난 두드러진 한 현상은 중국의 빠른 부상이었다. 1960년대말까지 소련 주도의 공산주의 진영에 머물며 미국과 적대국이었던 마오쩌둥이 이끄는 중국은 소련과의 이념 갈등과 영토 분쟁을 겪으며 1970년대 초부터 소련으로부터 돌아서서 미국과 외교 관계를 정상화하는 획기적인 조치를 취하였다. 이는 미국 닉슨 대통령의 베트남 전쟁에서의 안전한 미군 철수와 소련의 힘을 축소시키려는 국제 전략과 중국의 대소련 안보 이해 관계가 결부되었기 때문에 가능한 사건이었다. 1979년 공식적인 외교 정상화가 이루어지고 중국의 새 지도자 덩샤오핑이 개혁 개방 정책을 취함에 따라 미국은 중국을 세계 경제 질서에 점차적으로 편입시키는 정책을 펼쳤다(Schaller 2016). 이는 미국의 정책 결정자들이 근대화 이론(modernization theory)에 근거하여 장기적으로 중국의 경제가 자본주의 체제를 도입하고 성장해 감에 따라 정치 시스템도 민주주의로 서서히 전환되어 갈 것이라는 기대가 있었다고 볼 수 있다. 이로써 중국은 1989년 천안문 사태로 인해 미국을 중심으로 한 서구 국가들과 몇년간의 냉각기가 있었지만, 미국의 지원 하에 2001년에 세계무역기구(World Trade Organization: WTO)에도 가입하게 되었고, 세계 경제 질서에 빠르게 스며들면서 괄목할 만한 경제 성장을 이루게 되었다. 따라서, 2007년에 국민총생산(Gross Domestic Product: GDP)

기준 독일을 추월하였고, 2010년도에는 일본을 추월하여 미국 다음의 세계 2대 경제대국으로 올라서게 되었다. 중국은 이러한 빠른 경제성장에 기반하여 군사력을 강화하는 데에도 엄청난 노력을 기울였다(문정인 2021).

이러한 중국의 빠른 부상은 2000년대 후반을 기점으로 미중 간 경쟁을 심화시킴으로써 국제질서를 신냉전으로 들어가게 하는 촉매제 역할을 하였다. 중국은 2008년 여름 베이징 올림픽을 통하여 중화 민족주의를 강하게 표출하였고, 그 해 말에 발생한 미국발 세계 금융 위기는 미국의 패권쇠퇴에 대한 국제적 담론을 강화시켰다. 이로써 미국내에서 중국 위협론이 힘을 얻게 되었고, 급기야 2011년 12월 미국의 오바마 대통령은 '아시아로의 회귀'(Pivot to Asia; later Rebalance to Asia) 를 표방하면서 중국 견제 정책을 시작하였다. 이와 함께, 2012년말 중화민족의 위대한 부흥을 표방하는 새로운 지도자 시진핑이 권력을 잡으면서 미중 경쟁은 더욱 치열해 지게 되었는데, 시진핑은 강한 군사력과 경제력을 바탕으로 남중국해, 동중국해, 그리고 타이완 문제와 같은 국제적 사안들에 대해 한층 공격적인 자세를 취하였다(Saunders 2022). 이는 덩샤오핑이 중국의 외교정책으로 강조했던 "자신을 드러내지 않고 때를 기다리며 실력을 기른다"는 의미의 도광양회(韜光養晦)를 버리고 "대국으로 우뚝 선다"는 대국굴기(大國堀起)와 "중화민국의 위대한 부흥"이라는 중국몽(中國夢)의 기치를 내걸게 된 것을 의미한다. 더 나아가, 시진핑 주석은 지난 덩샤오핑 이후 중국 공산당 내부에서 암묵적으로 동의 되어왔던 최고 지도자로서 총 10년 집권 기간을 폐기하고 영구 독재 집권 체제를 구축하였다(Dickson 2021). 이는 신장 위구르 족의 강제 수용소 건설을 통한 인권 탄압 문제, 홍콩에 대한 권위주의 통치와 맞물려 미국을 비롯한 서구 세계에 강한 반감을 일으키는 계기가 되었다(Turkel and Schaack 2021; Davis 2020).

한편, 2012년에 러시아의 대통령으로 복귀한 푸틴 또한 서방과의 대결적인 정책을 펼치게 되었다. 그러한 공격적인 대외정책의 원인으로는 나토의 동유럽으로의 확장에 대한 러시아의 반발(Mearsheimer 2014)과 단호한 대외 정책을 통한 푸틴 정권의 안정성 구축을 들 수 있겠다(Matovski 2023). 즉, 공격적인 대외 정책을 통해 여러가지 국내적 불만을 해외로 돌림으로써 푸틴 정권에 대한 국내지지를 높이고자 하는 주의전환이론(diversionary theory of war)의 일환이라고 볼 수 있다(Tir 2010). 특히 2014년 러시아의 크림반도 병합은 미국을 비롯한 서구의 강력한 반발을 가져왔는데, 이로 인해 러시아는 G-8 에서 축출되었고, 서구의 여러가지 경제제재를 받게 되었다(Graham 2022). 그 뿐만 아니라, 2016년에는 사이버 해킹을 통해 미국 대통령 선거에 개입함으로써 당시 친 러시아 성향의 트럼프 후보자의 당선을 도우려는 의도가 밝혀졌는데, 이는 미국 사회가 러시아에 대한 반감을 한층 더 가지게 되는 사건이었다(Sulmeyer 2018).

　2017년을 지나며 국제질서는 신냉전의 구도가 좀 더 뚜렷해지게 되었는데, 이는 미국 트럼프 행정부가 중국과 러시아에 대한 적대적 인식을 공식적으로 담은 국가안보전략(National Security Strategy)을 발표하고, 대중국 무역 전쟁을 개시함으로써 기인한 일이었다(Murphy 2020). 이러한 과정에서 미국과 중국 국민들의 상호 인식은 빠르게 부정적으로 변화였으며, 미중 갈등은 걷잡을 수 없이 경제와 기술, 군사, 그리고 정치적 이념 부분으로 까지 번지게 되었다(Ye 2020). 이와 더불어, 2019년말에 중국에서 발생하기 시작한 코로나 펜데믹은 전세계 나라들의 수많은 인명 피해와 엄청난 경제적 손실을 가져왔는데, 이는 미국을 비롯한 서방 사회의 대중국 인식을 급격하게 악화시키는 결과를 초래하였다. 퓨리서치 센터(Pew Research Center)의 2020년 여름 실시된 여론 조사에 의하면, 호주의 경우 81 퍼센트의 응답자가 중국에 대한 부정적인 인식을 드러냈는데, 이는 2019년에 비해 24 퍼센트가 증가한 수치였다. 영국과 미국의 경우도 각각 74 퍼센트와 73 퍼센트가 중국에 대한 부정적 인식을 보였고, 전년도에 비해 각각 19퍼센트와 13 퍼센트 비율이 올라갔다(Silver, Devin, and Huang 2020).

　이 모든 요소들 위에 2022년 2월 일어난 러시아의 우크라이나 침공은 신냉전 질서를 더욱 굳히는 계기가 되었다고 볼 수 있다. 미국을 중심으로 한 나토 회원국들은 우크라이나에 군사 원조를 점진적으로 넓히고, 러시아는 서방의 강력한 경제제재를 직면하고 있다(Mankoff 2022). 물론, 시간이 흐를수록 전쟁의 피로감이 증가하고 또한 우크라이나가 막대한 서방의 지원을 기반으로 2023년 여름에 전격적으로 실시한 러시아에 대한 군사적 대반격이 기대 이하의 결과를 가져옴으로써 계속해서 서방의 지원을 얻어 내는 것이 힘들어지고 있는 상황은 주의해서 볼 대목이다(Graham 2024). 한편, 중국은 러시아의 우크라이나 침공을 적극적으로 지지하지는 않더라도 서방의 경제 제재로 어려움에 처한 러시아의 에너지 자원을 대량 수입함으로써 러시아를 측면 지원하고 있다. 이와 더불어, 중국은 러시아와 다방면으로 군사 협력을 강화함으로써 서방의 상당한 우려를 자아내고 있다(Goldstein and Kozyrev 2022). 또한, 2022년 중국의 강한 반발에도 불구하고 미하원의장 낸시 펠로시가 타이완을 방문한 직후, 중국군이 타이완 주변에서 보여 준 무력 군사 시위에서 보여진 것처럼, 타이완 문제를 둘러싼 미국과 중국과의 갈등은 상당히 위험한 수준에 도달하였다고 볼 수 있다(Mozur et al 2022). 더 나아가, 2023년 10월에 발생한 하마스의 이스라엘 기습 공격으로 촉발된 이스라엘군의 가자지구 침공은 이러한 신냉전의 국제정세를 더욱 복잡하게 만들어 가고 있다(Byman 2024; Hilterman 2024).

〈표 1〉 냉전과 신냉전의 차이점

	냉전 (1945-1991)	신냉전 (2008-present)
국제구조	양극체제	다극 체제
주요 국가	미국 대 소련	미국, 유럽연합, 인도, 중국, 러시아
이념	자본주의 대 공산주의	민주주의 대 권위주의
경제관계	단절	상호의존
군사/기술	첨예한 대치	치열한 경쟁
문화교류	단절	상호연결

위의 〈표 1〉은 냉전과 신냉전의 국제질서가 보여주는 몇가지의 차이점을 잘 요약해 주고 있다. 우선, 신냉전이 시작된 시점에 대해서는 논의가 여지가 많지만, 이 장에서는 앞에서도 언급한 것처럼 중국의 부상이 두드러졌던 2008년을 신냉전의 초입으로 보고, 2012-2017년 기간을 통과하면서 점차 그 구도가 강화되었으며, 결정적으로 2022년 2월 러시아의 우크라이나 침공으로 견고해 졌다는 시각을 견지한다. 국제구조적 측면에서는 냉전의 경우 미국 대 소련의 대결인 양극체제였다면, 신냉전 에서는 중국과 러시아가 중요한 다른 축을 형성하면서 거기에 유럽연합과 인도의 무시할 수 없는 영향력이 더해지는 다극체제로 전환되고 있다고 볼 수 있다. 냉전 당시 미국 주도의 자본주의와 소련 중심의 공산주의가 이념 대결을 펼쳤다면, 신냉전에서는 미국과 서구의 자유민주주의가 중국과 러시아 중심의 권위주의와 대립각을 형성하고 있다. 또한, 동서간 거의 모든 경제 관계가 단절되어 있었던 냉전

과는 다르게 신냉전에서는 미중 관계에서 보여지는 것처럼 여러 주요 국가들 간의 경제적 상호 의존이 깊다는 차이점이 있다. 문화적인 측면에서도 단절적인 성격이었던 냉전 시절과 달리 신냉전에서는 깊어진 세계화의 영향으로 말미암아 상호간 문화적 연결고리가 깊다고 볼 수 있겠다. 다만 군사/기술 영역에서는 냉전 때의 첨예한 대치와 신냉전기에서의 치열한 경쟁 관계로 말미암아 다소 유사한 점이 있다고 볼 수 있겠다.

신냉전속 한국과 북한의 외교안보 정책 변화

서론에서 간단히 언급한 것처럼, 동서 냉전과 탈냉전 그리고 신냉전의 부상과 같은 국제정세의 구조적 변수는 남북한의 외교안보 정책에 적지 않은 영향을 끼친다. 국제정치 이론에서 전쟁과 평화의 동력을 설명할 때 가장 많이 사용되어 온 이론은 신현실주의(neorealism or structural realism) 라고 할 수 있다. 즉, 신현실주의는 고전적 현실주의(classical realism)가 국제 관계에서 국가의 행위 및 전쟁과 갈등의 원인을 설명할 때 이기적인 인간의 본성과 국내 정치에 초점을 둔 것(Morgenthau 1948)을 비과학적이고 환원주의라고 비판하였다. 그 대신, 두개의 국제체제 변수, 즉 무정부적 국제시스템(anarchic international system)과 힘의 분배(distribution of power)로 국제관계에서의 전쟁의 발생과 부재를 설명하려고 하였다(Waltz 1979; Mearsheimer 2001).

〈그림 1〉 신고전적 현실주의와 한국의 외교정책결정

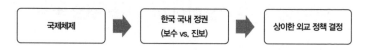

예) 미중 갈등 격화 → 문재인 진보 정부 → 대북 관여정책
미중 갈등 격화 → 윤석열 보수 정부 → 대북 고립정책

그러나, 이러한 신현실주의는 전쟁과 평화라는 국제정치의 큰 패턴을 설명하는 데에는 유용할 수 있지만, 각 국가의 외교정책을 분석하는 데에는 한계가 있을 수 밖에 없다. 그러한 한계를 극복하기 위해서 신고전적 현실주의 이론(neoclassical realism)이 등장하였다. 〈그림 1〉에서 보여지는 것처럼, 독립변수인 국제체제의 구조는 국내변수, 즉 정권의 보수 및 진보 성향, 최고 지도자의 선호, 또는 민족주의의 강도와 같은 매개 변수를 통과하면서 당사국 외교정책의 변화를 설명할 수 있다는 것이다(He 2017; Schweller 2018). 따라서, 다음에 살펴볼 신냉전속 남북한 외교안보 정책의 변화 흐름을 파악하는 데에 신고전적 현실주의가 유용한 분석틀로서 기능할 수 있다.

아래의 〈그림 2〉는 신냉전이 부상하는 가운데 지난 15여년간 한국의 네 민주주의 정부가 어떠한 외교안보 정책을 추진하였는지를 보여주고 있다. 중요한 것은 한국 정부는 미중 갈등의 심화라는 국제체제의 변화와 압박에 완전히 자유로울 수 없다는 것이다. '안보는 미국, 경제는 중국'이라는 실리 외교 중심에서 점점 더 어느 한쪽을 선택해야만 하는 쪽으로 기울어지고 있다고 볼 수 있다(문정인 2021). 그러한 상황에서 하나의 특징적인 측면은 보수 정권인 이명박/ 박근혜 정부 그리고 진보 정권인 문재인 정부 모두 정도의 차이는 있지만 미중 경쟁이 가속화되는 상황에서 한쪽으로 완전히 경도되기 보다는 그 둘 사이에서 어느 정도의 균형을 잡으려는 노력을 기울였다는 점이다. 물론, 북한의 핵실험과 장거리 미사일 시험 발사, 그리고 트럼프 대통령의 유례없이 강경한 레토릭이 맞물리며 북미간의 긴장이 최고조에 이르렀던 2017년 말 국정을 운영했던 문재인 정부가 북핵 문제와 북미 관계 개선을 통한 한반도 평화 정착이라는 핵심 외교 과제를 놓고 어느 한쪽으로 치우치지 않고 미국과 중국의 협력을 이끌어내려는 노력을 가장 많이 했다고 볼 수 있겠다.

<그림 2> 신냉전속 한국의 외교안보정책 변화

이명박 정부 (2008–2013)	
미국 편향 외교(balancing)	경제 측면 중국 중시

⇩

박근혜 정부 (2013–2017)	
미중간 위험분산외교(hedging)	미국 편향으로 변함(2016년 1월 북한 4차 핵실험)

⇩

문재인 정부 (2017–2022)	
미중간 위험분산외교(hedging)	실용 외교(북핵 문제 중심)

⇩

윤석열 정부 (2022–현재)	
미국 밀착 외교(balancing)	가치외교(자유, 민주주의, 인권)

한편, 이명박 정부의 외교 안보정책은 미국으로 경도되는 측면이 있었지만, 한국의 경제에 미치는 중국의 영향력이 크기 때문에 중국과의 관계를 조심스럽게 다루었다. 박근혜 정부는 경제적인 측면을 넘어서서 북한 핵문제라는 당면과제를 해결하기 위해 중국의 역할을 크게 기대하고 요구하였는데, 2016년 1월 북한의 4차 핵실험으로 그러한 기대가 다 깨어지기 전까지 중국과의 관계 증진에 상당한 에너지를 소비하였다(Ku 2019). 그러나, 2022년 5월 출범한 윤석열 정부는 기존의 위험분산 정책(hedging)을 버리고, 확실하게 미국의 중국 견제 정책(balancing)에 참여함으로써 미국 밀착 외교를 시행하고 있다. 또한, 기존 정부들과 달리 윤석열 정부는 '자유, 민주주의, 인권'과 같은 가치를 외교 정책의 핵심으로 두고 있다. 2023년 8월 한미일 정상들이 캠프 데이비드에서 발표한 성명에서 볼 수 있는 것처럼(대한민국 대통령실 2023), 윤석

열 정부는 북한과 중국의 위협에 맞서 인도−태평양 지역의 안정과 번영을 위해 한미일 안보 공조 체제를 강화하는 데에 온 힘을 기울여 오고 있다. 이를 위해 한일 관계에서 오래동안 악재가 되어왔던 역사 문제, 특히 강제동원문제를 큰 국민적 공감대가 없는 '제 3자 변제' 방식으로 해결함으로써 강한 국민적 저항에 부딪혔다(김은지 2023). 즉, 윤석열 정부는 2차대전중 한국에서 강제 동원된 노동자들을 사용한 일본 정부나 기업들이 아닌, 1965년 한일 국교정상화를 계기로 일본으로부터 경제원조로 혜택을 받고 발전한 포스코와 같은 한국 기업들이 기금을 출연하여 강제동원 희생자들에게 보상금을 지급하는 방식을 채택하였다.

⟨그림 3⟩ 신냉전속 북한의 외교안보정책 변화

김정일 집권 말기 (2008-2011)		
대미 외교 중시	정권 세습 집중	북중 관계 복원 노력

⇩

김정은 집권 1기 (2012-2017)		
핵무기/미사일 능력 증강 집중	대결적 대미 정책	대중 관계 악화

⇩

김정은 집권 2기 (2018-현재)		
북미 관계 개선 노력(2018-2019)	북중 관계 복원	북미 대결로 선회

북한의 외교안보 정책은 최고 지도자인 수령의 의지가 가장 중요한 변수로 기능하지만, 여전히 국제체제의 구조적 변수에서 자유로울 수는 없다. 서론에서 잠깐 다룬 것처럼, 1970년대초 미중

관계의 해빙을 맞아 김일성 주석은 남한과의 관계 개선에 대한 의지를 보였고, 1991년 냉전의 붕괴 상황에서 초래된 외교적 고립을 돌파하기 위해 남한과 미국 그리고 일본과의 관계 개선에 적극적이었다. 〈그림 3〉이 보여주듯이, 신냉전의 기운이 처음으로 나타나던 2008년에도 2003년부터 이어온 6자 회담을 통해 미국과의 관계 개선을 도모하였지만 북핵 검증에 대한 이견으로 2008년 12월에 6자 회담이 중단되었다. 또한, 북한은 2008년 여름 김정일 주석의 뇌졸중으로 인해 외교 협상보다는 그의 아들 김정은을 후계자로 세우는 작업에 몰두하였다. 하지만, 안정된 정권 세습을 위해서 중국과의 관계 개선에 많은 노력을 기울였다(Hecker and Serbin 2023).

한편, 2011년 12월 김정일 주석의 사망후에 권력을 승계한 김정은은 김정일 정권의 핵심 군부 세력을 숙청하고 권력 세습의 일등 공신이었던 고모부 장성택을 잔인하게 처형함으로써 자신의 권력 기반을 공고히 하는 노력에 만전을 기하였다. 그와 함께 핵무기 개발과 경제 발전이라는 두가지 목적을 동시에 추구하는 병진 정책을 실시함으로써 2017년말까지 미국과 중국과의 관계가 동시 냉각되었다. 2012-2017년 기간동안 미중 관계는 점점 더 경쟁 구도로 진화되어 갔지만, 최소한 유엔 안보리에서 만큼은 북한의 핵/미사일 개발 폭주를 막으려는 미국과 중국의 협력이 있었다. 그래서, 2016-2017년에 통과된 북한 경제제재와 관련된 일련의 유엔 안보리 결의안은 북한의 경제에 상당한 고통을 가중하였고, 2018년 초부터 북한이 외교 협상의 장으로 나오는 데에 일정한 역할을 수행했다고 볼 수 있다(Panda 2020). 다른 한편으로는, 김정은 정권이 수립한 자체 일정에 따라 핵무력을 완성한 후 미국과의 협상을 시도했던 것일 수도 있고, 문재인 정부의 적극적인 가교 역할이 북한을 핵협상 테이블로 나오게 하는 중요한 요인이었음도 숙지할 필요가 있다.

그리고, 무엇보다 김정은 정권의 대외 정책 변화에 가장 크게 영향을 미친 국제정세의 구조적 변수는 2022년 2월 러시아의 우크라이나 침공과 중국의 암묵적인 러시아 지지로 말미암아 굳어지게 된 신냉전 상황이라고 볼 수 있다. 다음 단락에서 부연 설명하겠지만, 2019년 2월 하노이에서 미국과의 핵문제 합의가 실패한 후 상당한 모욕감과 실망감을 경험한 김정은 국무위원장은 미국이 중러와의 관계가 악화되는 국제 구조적 상황을 이용하여 미국과 한국에 더 대결적인 정책을 실행하였다. 즉, 북한은 2022년 3월을 시작으로 2018년부터 자발적으로 지켜 온 장거리 탄도미사일 시험 발사 유예를 폐기하고, 아무런 제약없이 시험 발사를 실시하고 있다. 또한, 김정은은 언제라도 마음만 먹으면 7차 핵실험을 진행할 수 도 있는 상황이다. 더 나아가, 2023년 9월에는 김정은과 푸틴의 정상회담이 러시아 블라디보스톡에서 개최되었는데, 공동선언문이 발표되지 않아서 정확하게 알 수는 없지만 우크라이나와의 전쟁에서 고전하고 있는 러시아에 북한이 상당한 양의 포탄을 포함한 군수물자를 지원하는 댓가로 식량/원유와 정찰위성을 비롯한 미사일 기술을 지원받는 합의가 이루어진 것으로 보인다(민지영/김경민 2023). 실제로 10월 중순에는 존커비 미 백악관 국가안보회의 전략소통조정관이 북한이 최대 천개 컨테이너 분량의 탄약과 군수물자를 러시아에 보냈다고 주장하였다(Murphy 2023). 따라서 북한과 러시아가 더욱 밀착하는 상황이 연출되고 있다.

신냉전의 부상과 한반도의 안보 및 평화

앞에서 언급한 것처럼, 2022년 2월 러시아의 우크라이나 침공으로 인해 국제질서는 신냉전의 구조가 더 확고하게 자리잡게 되었다. 이로써 세계 패권을 주도하는 미국에 대한 견제와 권위주의적 국내정치 시스템을 공유하는 중국과 러시아의 밀착이 더해지게 되었다. 이와 더불어, 북한은 2019년 2월 김정은-트럼프간 하노이 정상회담의 결렬로 미국과의 관계개선에 대한 기대가 급격히 감소되었는데, 미중 경쟁의 심화속에 발생한 러시아-우크라이나 전쟁을 계기로 중러에 기대어 체제 존속을 꾀하는 정책으로 기울어지게 되었다. 1990년대부터 북한은 미국과의 관계 개선을 상당히 중요한 국가 정책으로 삼고 노력을 기울여 왔는데, 이는 세계 질서의 패권국인 미국과의 관계 회복이 없이는 장기적인 관점에서의 체제 유지와 경제 발전을 이루기에는 큰 한계가 있기 때문이었다(Hecker and Serbin 2023). 즉, 1953년 한국 전쟁이후 미국은 북한에 대한 일방적인 경제 제재를 취해왔고, 많은 후진국들과 개발 도상국들이 누려왔던 국제금융기금(International Monetary Fund)와 세계은행(World Bank)로부터 경제발전을 위한 원조 혜택을 차단시켜왔다. 또한, 국제 무역과 금융 부분에 있어서도 세계에서 주도적인 역할을 하는 미국의 지원이 없이 북한은 고립된 경제 체제를 유지할 수 밖에 없었다(Ku 2019).

한편, 2022년 5월에 정권을 잡은 남한의 윤석열 정부는 이전의 한국 정부들이 취했던 미중 사이의 위험분산 정책(hedging)을 과감하게 버리고 미국 편중 또는 밀착 외교(balancing)로 변경을 시도하였다. 지난 문재인 정부가 중국의 눈치를 보면서 대만 문제나 중국의 인권 문제등을 언급하는 것에 상당히 조심했던 것과는 달리, 윤석열 정부는 미국과 서방이 중요시하는 자유, 민주주의, 그리고 인권을 중심으로 하는 가치외교를 당당히 지향함으로써 중국과의 갈등도 불사하는 면모를 보이고 있다. 경제적인 측면에서도, 미국이 취하고 있는 세계 공급망에서의 중국 배제 정책을 소극적이지만 뒤따라가고 있다. 따라서, 과거 정부에서 한일 관계에 큰 걸림돌이었던 역사 문제, 특히 강제동원 문제를 3자 변제 방식으로 해결함으로써 한일 정부간 관계 개선을 시도하고 궁극적으로 한미일 공조 체제를 견고히 하는 정책을 도입하였다. 그러나, 윤석열 정부의 이러한 정책은 역사문제에 대한 진정한 해결책으로서 국민적 공감대를 형성하지 못했기 때문에 많은 비판과 우려의 목소리가 나오고 있는 현실이다(손원제 2023).

이와 같이 2022년부터 한반도의 정세는 한미일과 북중러 대립이 심화되는 구도로 나아가고 있는데, 이러한 동북아시아에서의 신냉전의 부상은 한반도 평화와 안보에 커다란 악영향을 끼친다. 첫째는, 대결적인 신냉전으로 인해 상호 대화와 관여를 통한 한반도 핵문제 해결이 점점 더 어려워지고 있다. 2017년 북한이 6차 핵실험과 미국 본토를 사정권에 둔 장거리 미사일 시험 발사로 미국과의 긴장이 극에 달했을 때, 중국과 러시아는 강력한 유엔 안보리 제재를 통해 북한의 도발적인 행동을 억제하는 것에 적극적으로 동참하였다. 이러한 중러의 압박은 북한의 입장에서 국제적으로 더 고립될 뿐만 아니라 경제적으로 무역의 90% 이상을 중국에 의존하는 상황에서 체제 유지에 상당한 부담이 되는 조치였을 것이다. 그러한 상황은 북한이 2018년초부터 미국과 한국에 대한 관여 정책(engagement)과 매력 공세(charm offensive)로 나오는 하나의 중요한 배경이 되었을 수 있다(Sonnevend and Kim 2020). 그러나, 2019년 트럼프-김정은 간의 하노이 회담이 실패로 귀결되고, 계속해서 한미일 대 북중러 대립이 깊어짐으로써 북한에게는 미국과 남한과의 대화를 통한 관계 개선 의지가 상당히 감소하였다고 볼 수 있다. 또한, 그러한 대립적 구조는 북한으로 하여금 거침없이 군사력 증강을 이룰 수 있는 유리한 환경을 제공하게 되었다. 다시 말해, 2022년 3월부터 북한은 2018-2019년 북미 정상회담에서 약속한 자발적 핵/미사일 시험 유예(모라토리움) 결정을 폐기하고, 연속적인 장거리 미사일 시험 발사를 통해 한미일 안보 공조 체제 강화에 대응한 군사력을 증진시키고 있다. 또한, 2022년 9월에는 선제 핵공격 가능성을 명시한 핵무력 정책을 법령화하였고, 2023년 9월에는 그러한 정책을 영구화하면서 헌법에 명시하였다(박광현 2023). 더 나아가, 언제라도 마음만 먹으면 7차 핵실험을 통해 전술 핵무기 역량을 강화하는 조치를 취할 수 있는 상황에 있다고 볼 수 있다.

이미 언급한 것처럼, 지금도 미중러가 유엔 안보리에서 2016-2017년 때처럼 북한 핵/미사일 문제에 대해 긴밀한 협력을 이어가는 상황이라면 북한이 그와 같은 도발적 행동을 이어 가기는 힘들 것이다. 2022년 3월부터 북한이 미사일 시험 모라토리움을 폐기하고 여러차례 장거리 미사일 발사 시험을 진행하였을 때, 중러의 반대때문에 미국은 유엔 안보리 결의안을 채택할 수 없었다. 따라서, 북한은 아무런 제동장치 없이 미사일 능력을 계속해서 발전시켜 가는 상황에 있다.

이와 더불어, 기존의 유엔안보리 경제제재 또한 중러의 느슨한 조치로 인해 북한에게는 덜 부담스러운 상황이 되었다. 물론,

2020년 1월부터 2023년 9월까지 코로나 19 펜데믹으로 인한 전격적인 국경봉쇄 조치로 북한의 경제가 심각한 어려움을 겪어오고 있다는 점을 숙지할 필요가 있겠다. 사실 유엔의 제재보다 북한의 취약한 공중보건 시스템때문에 자체로 체제 존속을 위해 어쩔 수없이 감행해야 했던 국경봉쇄가 북한 경제에 훨씬 더 고통을 가중하는 효과가 있었을 것이다(북한경제연구협의회 2023). 그러므로, 북한은 신냉전의 구도 속에서 미국과 남한과의 관계 개선의 의지를 접고, 어려운 경제적 여건속에서 체제 유지를 위한 길로써 자립 갱생을 강조하고 내부적 단합을 위해 군사적 대치 국면을 이어가고 있다고 볼 수 있다.

더 나아가, 2024년을 시작하면서 김정은 정권은 대남 정책 노선의 방향을 근본적으로 수정하였다. 즉, 김정은 위원장은 2023년 12월 30일에 있었던 노동당 전원회의에서 남북관계를 '동족관계'가 아닌 '적대적 두 국가관계'로 규정하면서 대한민국과의 통일은 성사될 수 없다고 언급하였다(이상현 2023). 이러한 정책 전환에 따라 북한은 세개의 주요 대남 기구들, 즉 조국평화통일위원회, 민족경제협력국, 금강산국제관광국을 폐지하도록 결정하였고, 김정은은 2001년 김정일이 평양에 조성한 '조국통일 3대 헌장 기념탑'의 철거를 지시했다(김민서 2024). 또한, 2024년 2월 8일 건군절에 있은 국방성 방문 연설에서 김정은은 한국을 북한에게 '가장 위해로운 제 1의 적대국가, 불변의 주적'으로 규정하고 유사시 한국의 영토를 침공하는 것을 '국시'로 정하였다(김수강 2024). 이러한 북한의 상황과 정책 방향은 대화와 관여를 통한 한반도의 평화 실현을 더욱 어렵게 만들고, 한반도를 둘러싼 안보 환경을 더욱 불안하게 만드는 요소로 기능하고 있다. 또한, 이러한 상황은 북한으로 하여금 특히 경제적인 측면에서 더욱 중국을 의지할 수 밖에 없는 상황이 되고, 군사지원의 댓가로 경제지원과 기술지원을 받을 수 있는 러시아 와도 더욱 밀착하는 흐름으로 가고 있다.

둘째는, 위에서도 언급한 것처럼 2022년 5월에 출범한 한국의 윤석열 정부가 권위주의 대 민주주의의 신냉전 구도속에서 자유, 민주주의 그리고 인권이라는 가치에 중점을 두고 미국 밀착 외교와 한미일 공조 체제 강화를 단행함으로써 북한의 행동을 변화시킬 수 있는 여지가 상당히 축소되었다는 점이다. 물론, 하노이 회담 불발 이후 문재인 정부의 북미간 가교 역할이 급속히 축소되어서 당시에도 북한의 행동 변화를 견인할 힘을 소진하고 있었다는 점을 상기할 필요는 있다. 그렇다 하더라도, 북한의 핵/미사일 위협에 대응한 억제력에 초점을 두고 한미 동맹 강화와 한미일 삼각 안보 강화를 강조한 작금의 '담대한 구상'과 '워싱턴 선언'에서 드러난 윤석열 정부의 대북 정책으로서는 북한과의 대화를 이끌어내고 북한의 변화를 이끌어 갈 수 있는 동력이 거의 없다는 점을 우려하지 않을 수 없다. 왜냐하면, 윤석열 정부의 대북 정책은 이전 이명박 정부 때의 '비핵개방 3000' 정책과 마찬가지로 북한 비핵화를 전제로 대북 지원을 상정하고 있는 것이어서 이미 실질적인 핵보유국이 된 북한으로 하여금 실질적인 변화를 이끌어 낼 수 있는 유인책이 전혀 되지 못하기 때문이다. 한국 정부가 '담대한 구상' 정책을 발표하였을 때 북한 당국이 지극히 냉소적인 반응을 보였던 것에서 이런 사실을 확인할 수 있다(신나리 2022).

또한, 남북간 대화가 단절된 상황에서 지속적으로 한미 동맹 그리고 한미일 공조 체제 강화에 기반한 억지(deterrence) 정책 만으로는 북한 정권 붕괴라는 희망사항(wishful thinking)에 머물 수 밖에 없는 한계에 직면한다. 갑작스러운 냉전의 붕괴에서 목도했던 것처럼 아무도 북한 정권의 장기 연속성을 장담할 수는 없지만, 90년대부터 극도로 어려운 경제 상황과 외교적 고립, 그리고 대외적 압박에도 불구하고 장기간 보여준 정권 탄력성(resilience) 뿐만 아니라 중국의 북한 정권 안보를 위한 지속적인 물밑 지원을 고려할 때 정권 붕괴를 기대하는 것은 그리 합리적인 사고라고 볼 수가 없을 것이다. 남북한 사이에 대화 채널이 닫힌 상태에서 계속해서 군사적 긴장이 고조될 때 의도치 않은 물리적 군사 충돌이 생길 위험이 증가하고, 이러한 충돌은 작은 영역에 군사력이 집중되어 있는 한반도의 특수한 상황에서 전면전으로 까지 발전할 가능성을 완전히 배제할 수 없다.

한편, 윤석열 정부의 미국 밀착 외교는 중국의 반발을 불러올 수 밖에 없고, 북한 핵문제를 비롯한 장기적인 남북한 화해와 통일을 위한 여정에서 절실히 필요한 중국의 협력을 기대할 수 없게 만든다. 솔직히 말해, 미중 갈등이 깊어지고 러시아의 우크라이나 침공으로 인해 국제질서가 신냉전으로 급속히 변해가는 시점에 기존과 같이 한국 정부가 미·중 사이에서 줄타기를 하며 '안보는 미국, 경제는 중국' 중심으로 위험분산 정책(hedging)을 지속하는 것이 쉽지 않은 측면이 있다. 해양세력과 대륙 세력이 첨예하게 부딪히는 한반도의 지정학적 한계를 벗어나기가 힘든 한계가 분명히 있다고 할 수 있다. 그럼에도 불구하고, 한국 정부는 미국과 중국 사이에서 어느 한쪽을 쉽사리 적으로 돌리지 않으면서 한반도 평화와 국익을 추구하는 현명한 방안을 끊임없이 숙고해야 할 필요가 있다. 가령, 자유, 민주주의, 인권과 같은 보편적인 가치를 존중하고 국제사회 속에서 그러한 가치의 증진에 기여하는 노력을 경주한다 할지라도, 한반도와 동북아의 역사적 특수성을 감안하면서 다른 가치를 지니는 중국과도 실질적인 협력관계를 지속해 갈 수 있도록 다양한 외교적 노력을 기울여야 할 필요가 있다. 그럴 경우, 당연히 미국으로부터의 분명한 선택을 강요하는 압박이 증가할 수 있겠지만, 지난날 경험하였던 엄청난 전쟁의 고통을 거울삼아 한반도 평화와 화해를 견인하는 주체로서 한국정부는 한반도의 역사적, 지정학적 특수성을 미국 정부와 시민사회에 적극적으로 알리고 이해시켜가는 데에 많은 노력을 기울여야 할 것이다.

셋째는, 한미일 대 북중러의 신냉전 체제속에서 윤석열 정부가 안보 문제에 집중하여 한일 역사 문제(특히, 강제동원문제)를 국민적 공감대가 매우 약한 제3자 변제 방식으로 조속히 해결하려고 한 것은 장기적인 관점으로 볼 때 동북아에서의 화해와 협력을 이루어 가는 일에 부정적인 영향을 초래할 수 있을 것이다. 이러한 방식은 1990년대부터 지속적으로 일본과 한국에서 법정 소송을 제기해 온 여러 희생자들과 그 지원 단체들이 수용하지 않았던 방안이 었기 때문에 국민적 공감대를 형성하는 데에 큰 한계가 있었다. 사실, 1990년대 초반부터 위안부 문제, 역사교과서 문제, 야스쿠니 신사 참배 문제, 강제동원 문제 등에서 목격해 온 것처럼, 한일 양국의 정부와 국민들이 모두 공감할 수 있는 역사문제 해결책을 찾는다는 것은 지극히 어려운 측면이 있다. 다시 말해, 양국 정부와 시민사회는 오랜 기간 역사 문제 해결을 위해 노력을 기울여 왔던 것을 부인할 수 없지만, 점점 더 보수화되어가는 일본 정부와 사회의 여건을 고려할 때 독일이 보여준 깊은 사죄와 보상, 반성적인 역사 교육과 기념관 건립등을 기대하기는 어렵다고 하겠다.

그럼에도 불구하고, 윤석열 정부가 오랜 기간 한일 시민 사회가 요청해 온 피해자 중심의 해결 방안을 간과하고 강제동원에 직접 관여한 일본 기업들이 아닌 한국 기업들의 참여만으로 구성된 기금을 조성함으로써 그 문제를 해결하려고 한 것은 설득력이 매우 약할 수 밖에 없다(특히나 한국 국민의 입장에서는). 1990년대부터 경험한 것처럼, 한국과 일본의 여러 시민단체들은 이 역사 문제를 계속해서 제기할 것이고, 언제라도 앞으로 한국에 진보 정권이 들어설 때 이 역사 문제는 다시 전면에 등장하여 한일 관계에 찬물을 끼얹을 가능성이 크다. 비록, 당장 증가하는 북한의 위협이 있고 한일간 안보 협력에 장애가 된다고 하더라도 긴 역사적 안목을 가지고 역사 문제들을 다루어 갈 때 동아시아에서 진정한 의미에서의 화해와 협력의 시대를 기대할 수 있을 것이다.

마지막으로, 한미일 대 북중러 대립의 신냉전 구도는 동북아 역내 국가간 군비경쟁(핵무장 논의 포함)을 부추기고 장기적인 관점에서 동아시아의 평화와 안정을 저해하는 요소로 기능할 가능성이 크다. 예컨대, 북한의 핵/미사일 위협이 점점 더 증대되고 있는 작금에 실시된 다수의 여론조사 결과들을 보면 56-77 퍼센트에 달하는 한국 국민들이 자국의 자체 핵무장을 지지하고 있다(김지현 2023; 김영은 2023; 김인엽 2023). 더 나아가, 2023년 1월 윤석열 대통령은 "(북한 핵)문제가 더 심각해지면 한국에 전술핵을 배치한다든지 우리가 자체 핵을 보유할 수도 있다"고 말했는데, 한국 대통령이 '자체 핵무장'을 공개적으로 언급한 것은 사상 처음 있는 일이었다(박용하 2023). "북핵 위협이 더 심각해지면"이라는 전제를 달았지만 이러한 대통령의 발언은 국내외에 많은 논란을 가져왔다. 오세훈 서울 시장도 한국의 핵무장 필요성에 대해 여러번 다음과 같이 언급하였다: "한국도 핵무기를 보유해야 할 때가 다가오고 있다…

우리도 핵무기를 가져야 한다는 주장은(국제사회에서도) 점점 힘을 얻어갈 것이다"(박용필 2023). 한국의 보수 언론도 북한의 핵과 미사일 위협에 대한 합리적인 대처 방안으로 자체 핵무장이나 미국 전술핵의 재배치가 가능할 수 있다는 시각을 내놓았다(조선일보 2023a and 2023b). 더 나아가, 여러 해외 전문가들도 한국의 핵무장이나 미국 전술핵 재배치를 통해 증대하는 북한 핵위협에 효과적으로 대처해야 한다는 의견을 제시하였다(Lind and Press 2023; Pardo 2023; Boot 2023).

물론, 이러한 담론이 한국의 실제적인 핵무장으로 이어지기는 상당히 힘든 현실이다. 왜냐하면, 미국 정부는 확장억지(extended deterrence)에 초점을 두면서 한반도에 전술핵 재배치와 핵공유 요구를 명확히 거절하고 있고, 한국 정부가 NPT를 탈퇴하여 자체 핵무장을 추진할 경우 국제무역에 상당히 의존하는 한국 경제가 국제사회로부터의 심각한 경제제재에 직면하여 큰 어려움을 겪을 것이기 때문이다. 그럼에도 불구하고, 만약 2024년 11월 미 대선에서 트럼프가 대통령으로 재선되어서 한국의 주한미군 방위비 분담의 엄청난 증액을 이유로 주한미군철수 카드를 사용한다던지, 어떤 이유에서든 중국의 대만 침공시에 미국이 실질적인 힘을 발휘하여 대만을 보호해 줄 수 없는 상황이 된다면 미국에 대한 신뢰가 추락할 것이고, 이는 곧 한국의 자체 핵무장화 논의가 실제적인 행동으로 나타날 수도 있는 조건들이 될 수도 있을 것이다

(두 시나리오 모두 가능성이 낮다 하더라도). 따라서, 윤석열 정부는 그러한 담론위에 '힘을 바탕으로 한 평화유지'에 무게를 싣고 군사력 증강에 온 힘을 쏟고 있다. 저위력 핵무기에 버금가는 파괴력을 가진 현무-5와 같은 고위력 탄도 미사일과 전자기 펄스탄(Electromagnetic Plus, EMP Bombs) 개발에 집중하고 있고(구현모 2023), 2023년 6월에는 우주 발사체 누리호의 3차 발사 성공으로 장기적인 관점에서 중거리 탄도미사일 능력을 보유하게 되었다(김민재 2023).

일본 사회의 경우 핵무장을 지지하는 대중의 지지는 2018년 기준 11퍼센트로 한국보다 현저히 낮지만(Matsumura, Tago, and Grieco 2023), 핵무장에 대한 논의는 이전 보다 활발하게 진행되어 왔다. 러시아의 우크라이나 침공 직후인 2022년 3월에는 아베 신조 전 국무총리가 일본도 나토처럼 미국과 핵공유 협정을 체결할 필요가 있다고 제안하였다(Katz et al 2023). 비록 기시다 후미오 현 총리가 바로 그 제안을 부인하긴 했지만, 타츠오 푸쿠다와 사내 타카이치와 같은 자민당 중진 의원들은 주위의 위협이 증대되는 현 상황에 일본 국민들과 나라를 보호하기 위해서는 핵무장에 대한 논의를 피하지 않아야 한다고 주장했다(The Mainichi Shimbun 2022). 이와 더불어, 2022년 12월에 있었던 한 여론 조사에서 보여진 것처럼 80퍼센트 이상의 일본인들이 중국, 러시아, 북한을 상당한 군사적 위협으로 간주하고 있는 것에서 앞으로 계속해서 일본의 핵무장에 대한 목소리는 높아질 여지가 충분히 있다고 볼 수 있다(The Yomiuri Shimbun 2022). 이러한 논의들 위에 일본 정부는 계속해서 미국과의 군사 방위 협력을 늘려갈 것이고, 2027년까지 GDP 대비 2퍼센트까지 국방비를 증액하겠다고 발표하였다. 이러한 계획은 향후 5년간 국방비를 60 퍼센트 증액하는 것이고, 그럴 경우 미국과 중국을 이어 전세계 3위의 군사비 지출 국가가 되는 것이다(Kavanagh 2023; Abe 2023). 이러한 일본의 군사력 증대 움직임은 신냉전 구도에서 중국과 러시아, 그리고 북한과 맞서는 미국으로부터 강한 지지를 받고 있지만, 장기적인 동아시아 평화 건설의 측면에서는 부정적인 요소가 크다고 하겠다. 이는 일본이 저질렀던 과거의 잘못에 대한 진정한 반성과 화해없이 재무장으로 가는 길은 동아시아 지역 이웃들의 불안을 가중시킬 것이기 때문이다.

나가며

　지금까지 살펴본 것처럼, 2008년 이후 국제질서는 미중 갈등의 심화와 한미일 대 북중러의 대결적 구도로 인하여서 특히 동아시아에서 신냉전의 특성이 나타나고 있다. 이러한 신냉전의 부상은 여러 관점에서 많은 기회비용을 발생시키고 있다. 다시 말해, 정치외교, 경제, 군사, 기술 그리고 이념의 전 영역에서 일어나고 있는 미중간의 소모적인 전략 경쟁으로 말미암아 두 강대국 간의 긴밀한 협력으로 이룰 수 있는 여러 국가적, 세계적 이익들을 놓쳐버리고 있다. 예컨대, 미국과 중국은 다른 건설적인 용도로 사용할 수도 있을 천문학적인 비용을 군사비로 소모하고 있고, 날로 더 심각해지는 세계적인 기후 변화와 자연재해에 대한 효과적인 대처는 뒷전에 밀어 놓고 있다. 또한, 미중간 무역 전쟁과 산업 공급망 교란으로 인해 세계 경제와 금융이 불안해지고, 북한과 이란의 핵문제를 효과적으로 다루지 못하고 있다. 이와 함께, 러시아의 우크라이나 침공으로 더 굳어지는 신냉전은 유럽에서의 확전에 대한 우려와 함께 핵무기 사용에 대한 위협을 끌어올렸다. 더불어, 2023년 10월에 시작된 이스라엘-팔레스타인 전쟁은 불안한 국제질서를 더욱 부채질하고 있는 상황이다.

이러한 어두운 현실에서 한반도 평화 정착과 통일을 위한 기반 조성을 위해 한국의 지도자들과 시민 사회가 어느때 보다 더 지혜를 모아야 할 때이다(이낙연 2023). 안타깝지만, 윤석열 정부가 글로벌 중추 국가라는 비전을 제시했더라도 현실적으로 중견국(middle power)인 대한민국이 이러한 강대국들 간의 구조적 대립을 근본적으로 변화시킬 수 있는 역량은 부족하다고 볼 수 있다. 하지만, 최소한 한반도를 둘러싼 지역 환경에서는 구조적 변화에만 종속되기 보다는 평화를 견인할 수 있는 주체로서 사고하고 행동해야 할 필요가 있다. 가령, 미국과 함께 '자유, 민주주의, 인권'과 같은 가치를 소중히 여기는 외교 원칙을 견지하면서도 한반도에 큰 영향을 미치는 이웃 나라 중국을 불필요하게 자극하는 발언과 정책은 조심하는 것이 필요할 것이다. 또한, 북한을 무조건 주적으로 규정하고 한미 동맹과 한미일 삼각 안보의 강화로 군사적 대치만을 이어가는 것은 북한을 더 자극함으로써 한반도에서의 군사적 긴장을 더 높이고, 의도치 않게 제2의 한국 전쟁으로 발전할 수 있는 위험을 가지고 있다. 어떤 노력을 해서라도 수백만명의 인명 손실과 천문학적인 경제적 파괴를 가져올 전쟁은 막아야 할 것이다. 따라서, 국가 안보 강화에 다각적인 노력을 기울이더라도 장기적인 남북간 화해와 협력에 정책의 방점을 두고 북한 핵/미사일 문제를 동북아 역내 국가들 간의 대화와 소통을 통하여 풀어가려는 노력을 끈질기게 해가야 할 것이다.

또한 이러한 과정에서 무엇보다 중요한 것은, 한국 사회가 오래동안 부침을 겪어온 진보와 보수 세력간의 첨예한 남남 갈등을 해소하기 위해 최선을 다해야 할 것이다. 민주주의 사회에서 여러 다른 목소리가 나오는 것은 자연스러운 현상이지만, 지금과 같이 진영간 다툼이 극도로 치열한 상황에서는 보수 정부든 진보 정부든 어떠한 외교안보 정책을 추진한다 하더라도 효과적인 결과를 만들어 내기에는 역부족일 가능성이 많다. 그러므로, 진보 보수 정치권, 학계와 시민 사회 여러 영역에서 지속적이면서도 의도적으로 폭넓게 대화의 장을 마련함으로써 상호간 불신을 줄이고 이해를 넓혀가며, 장기적인 안목을 가지고 한반도 평화와 통일을 위한 효과적인 방안에 대한 공감대를 넓혀가야 할 것이다.

참고문헌

구현모, "탄두 중량 9t '괴물 미사일' 현무–5· EMP· 극초음속 미사일 개발 박차," 『세계일보』, 2023년 4월 19일, https://m.segye.com/view/202304 19522037

김민서, "北 '김일성·김정일 유산' 대남교류 기구 3곳도 없앤다," 『조선일보』, 2024년 1월 17일, https://www.chosun.com/politics/north_korea/2024/01/17/NFRFW6JVZBDJBOUA3ZZBZNPG5Y/

김민재, "누리호 3차 발사 성공, 외신들은 어떻게 평가할까?", 『The Science Times』, 2023년 5월 29일.

김수강, "김정은 "한국 가장 위해로운 제1 적대국"," 『연합뉴스』, 2024년 2월 9일, https://www.yna.co.kr/view/MYH20240209002400641

김지현, "한국 핵무장 67% 찬성, "美 이익 따져 한반도 개입" 54%," 『한국일보』, 2023년 1월 2일, https://m.hankookilbo.com/News/Read/A202212 2712090002350

김영은, "한국 자체 핵무기 보유 관련 여론조사 결과," 『연합뉴스』, 2023년 4월 23일, https://www.yna.co.kr/view/GYH20230423000800044

김인엽, "국민 76.6% "독자 핵개발 필요"…핵무장 여론 더 커졌다," 『한국경제』, 2023년 1월 30일, https://www.hankyung.com/politics/article/202301301510i

김은지, "자유, 인권, 법치 한꺼번에 날린 강제동원해법," 시사IN, 2023년 3월 20일, https://www.sisain.co.kr/news/articleView.html?idxno=49920

대한민국 대통령실, "캠프 데이비드 정신: 한미일 정상회의 공동성명," 2023년 8월 18일, https://www.president.go.kr/newsroom/press/yeE9qWlT

문정인, 『문정인의 미래 시나리오: 코로나 19, 미중 신냉전, 한국의 선택』, 서울: 청림출판, 2021.

민지영/김경민, "러북 정상회담의 주요 이슈와 러시아의 평가," 세계경제 포커스, 6-38호, 2023년 10월 11일. https://www.kiep.go.kr/gallery.es?mid=a10102030000&bid=0004&list_no=10979&act=view

박광현, "핵무력 법령화 넘어 헌법화…더 멀어지는 북한 비핵화," 『경향신문』, 2023년 10월 3일. https://m.khan.co.kr/politics/north-korea/article/202310031600001#c2b

박용필, "오세훈 "한국도 핵무장 할 시점 다가오고 있다"," 『연합뉴스』, 2023년 3월 13일, https://m.khan.co.kr/politics/politics-general/article/202303132102001

박용하, "윤석열 대통령 '핵보유' 발언에…미국 "한반도 비핵화" 재강조," 『경향신문』, 2023년 1월 13일. https://www.khan.co.kr/world/world-general/article/202301130800001

북한경제연구협의회, "펜데믹을 전후한 북한경제의 변화와 전망," KDI 경제리뷰, 9월호, 2023.

손원제, "윤정부 강제동원 '굴욕양보'는 결국 방일 조공품이었나," 『한겨레』, 2023년 6월 29일. https://www.hani.co.kr/arti/politics/politics_general/1083131.html

신나리, "'담대한 구상' 남북 충돌… 北 "어리석음 극치" 대통령실 "무례"" 『동아일보』, 2022년 8월 20일, https://www.donga.com/news/Politics/article/all/20220820/115039905/1

이낙연, 『대한민국 생존전략: 이낙연의 구상』, 21세기북스, 2023.

이상현, "김정은, '남북관계 근본적 전환' 선언…"적대적인 두 교전국 관계" 『연합뉴스』, 2023년 12월 31일, https://www.yna.co.kr/view/AKR20231231006452504

임동원, 『피스 메이커: 남북관계와 북핵문제 25년』 창비, 2015.

"한국 대통령의 사상 첫 '자체 핵 보유' 언급이 갖는 의미," 『조선일보』, 2023년 1월 13일. https://www.chosun.com/opinion/editorial/2023/01/13/6CORQ7T4NJDYHP72MQQGNMMJD4/

"한미 핵 협의그룹 창설, '韓 핵 족쇄'는 강화됐다," 『조선일보』, 2023년 4월 27일. https://www.chosun.com/opinion/editorial/2023/04/27/PVGRGYDKBFASPPKFLSRBRLPPGE/

Abe, Ryutaro. 2023. "Record budget passes unnoticed as defense issues take top billing," *The Asahi Shimbun*, March 29. https://www.asahi.com/ajw/articles/14872743

Boot, Max. 2023. "Should South Korea go nuclear? That's a decision for Seoul, not Washington," *The Washington Post*, April 24. https://www.washingtonpost.com/opinions/2023/04/24/south−korea−ponders−nuclear−weapons−program/

Byman, Daniel. 2024. "Why the Middle East Still Needs America," *Foreign Affairs*, March 12. https://www.foreignaffairs.com/united−states/why−middle−east−still−needs−america

Davis, Michael. 2020. "Hong Kong is Part of Mainland Now," *Foreign Affairs*, July 2. https://www.foreignaffairs.com/articles/china/2020−07−02/hong−kong−part−mainland−now

Dickson, Bruce J. 2021. *The Party and the People: Chinese Politics in the 21st Century* (Princeton: Princeton University Press).

Fukuyama, Francis. 1989. "The End of History?" *The National Interest*, No. 16 (Summer 1989): 3−18.

Goldstein, Lyle and Vitaly Kozyrev, "The Russo−Chinese 'Strategic Partnership' Enters a New and Dynamic Phase," *Journal of Peace and*

War Studies, 4th Edition (October 2022): 95−129.

Graham, Thomas. 2022. "Russia's Grand Strategy toward the West," *Journal of Peace and War Studies*, 4th Edition (October): 1−15.

Graham, Thomas. 2022. "Putin's Optimism Doesn't Mean the End is Near in Ukraine," *Voices on Peace and War*, February 28. https://www.norwich.edu/topic/all−blog−posts/putins−optimism−doesnt−mean−end−near−ukraine

He, Kai. 2017. "Explaining United States−China relations: neoclassical realism and the nexus of threat−interest perceptions," *Pacific Review*, Vol. 30, No. 2: 133−151.

Hecker, Siegfried S. and Elliot A. Serbin. 2023. *Hinge Points: An Inside Look at North Korea's Nuclear Program* (Stanford: Stanford University Press).

Hilterman, Joost. 2024. "America, Iran, and the Patron's Dilemma," *Foreign Affairs*, March 28. https://www.foreignaffairs.com/united−states/america−iran−and−patrons−dilemma

Katz, Katrin Frazer, Christopher Johnstone, and Victor Cha. 2023. "America Needs to Reassure Japan and South Korea: How to Shore Up Washington's Eroding Credibility in Asia," *Foreign Affairs*, February 9. https://www.foreignaffairs.com/japan/america−needs−reassure−japan−and−south−korea

Kavanagh, Jennifer. 2023. "Japan's New Defense Budget Is Still Not Enough," Carnegie Endowment for International Peace, February 8. https://carnegieendowment.org/2023/02/08/japan−s−new−defense−budget−is−still−not−enough−pub−88981

Kristensen, Hans M. 2002. "The Role of U.S. Nuclear Weapons: New Doctrine Falls Short of Bush Pledge," Arms Control Association.

Ku, Yangmo. 2019. "Privatized Foreign Policy? Explaining the Park Geun-hye Administration's Decision-making Process," *Korea Journal*, Vol. 59, No. 1 (Spring): 106-134.

Ku, Yangmo. 2019. ""A Treasured Sword of Justice? Explaining the Key Reasons behind North Korea's Nuclear Development and US Policy Implications," *Journal of Peace and War Studies*, Inaugural Issue (March): 45-64.

Lind, Jennifer and Daryl Press. 2023. "South Korea's Nuclear Options: As Pyongyang's Capabilities Advance, Seoul Needs More Than Reassurance From Washington," *Foreign Affairs*, April 19. https://www.foreignaffairs.com/united-states/south-koreas-nuclear-options-north-korea-deterrence

Mankoff, Jeffrey 2022. "The War in Ukraine and Eurasia's New Imperial Moment," *The Washington Quarterly*, Vol. 45, No. 2 (Summer): 127-147.

Matovski, Aleksandar. 2023. "How Putin's Regime Survivalism Drives Russian Aggression," *The Washington Quarterly*, Vol. 46, No. 2 (Summer): 7-25

Matsumura, Naoko, Atsushi Tago, and Joseph M. Grieco. 2023. "External Threats and Public Opinion: The East Asian Security Environment and Japanese Views on the Nuclear Option," *Journal of East Asian Studies*, Vol. 23, No. 1 (March): 23-44.

Mearsheimer, John J. 2001. *The Tragedy among Great Power Politics* (New York: W. W. Norton & Company).

Mearsheimer, John J. 2014. "Why the Ukraine Crisis Is the West's Fault: The Liberal Delusions That Provoked Putin," *Foreign Affairs*, Vol. 93,

No. 5 (September/October): 77−89.

Morgenthau, Hans J. 1948. *Politics among nations: the struggle for power and peace* (New York: A.A. Knoph).

Mozur, Paul, Chien Amy, and Michael D. Shear. 2022. "Nancy Pelosi Arrives in Taiwan, Drawing a Sharp Response From Beijing," *The New York Times*, August 2. https://www.nytimes.com/2022/08/02/us/politics/nancy−pelosi−taiwan−beijing.html

Murphy, Dawn C. 2020. "An Irreversible Pathway? Examining the Trump Administration's Economic Competition with China," *Journal of Peace and War Studies*, 2nd Edition (October): 86−105.

Murphy, Matt. 2023. "North Korea sending Russia military equipment, US claims," *BBC News*, October 14. https://www.bbc.com/news/world−us−canada−67109719

Panda, Ankit. 2020. *Kim Jung Un and the Bomb: Survival and Deterrence in North Korea* (New York: Oxford University Press).

Pardo, Ramon Pacheco. 2023. "South Korea Could Get Away With the Bomb," *Foreign Policy*, March 16. https://foreignpolicy.com/2023/03/16/south−korea−nuclear−weapons−military−defense−security−proliferation−npt/

Saunders, Phillip. 2022. "China's Role in Asia: Attractive or Aggressive?" in ed. David Shambaugh, *International Relations of Asia* (Lanham, MD: Rowman & Littlefield): 115−138.

Schaller, Michael. 2016. *The United States and China: Into the Twenty−First Century*, 4th edition (New York: Oxford University Press).

Schweller, Randall. 2018. "Opposite but Compatible Nationalisms: A Neoclassical Realist Approach to the Future of US−China Relations,"

The Chinese Journal of International Politics, Vol. 11, No. 1: 23—48.

Silver, Laura, Kat Devin, and Christine Huang. 2020. "Unfavorable Views of China Reach Historic Highs in Many Countries," Pew Research Center, October 6. https://www.pewresearch.org/global/2020/10/06/unfavorable−views−of−china−reach−historic−highs−in−many−countries/

Sonnevend, Julia and Youngrim Kim. 2020. "An Unlikely Seducer: Kim Jong−un's Charm Offensive From the PyeongChang Winter Olympics Until the Trump−Kim Summit," *International Journal of Communication* 14: 1398−1420.

Sulmeyer, Michael. 2018. "How the U.S. Can Play Cyber−offense: Deterrence isn't Enough," *Foreign Affairs*, March 22. https://www.foreignaffairs.com/articles/world/2018−03−22/how−us−can−play−cyber−offense

The Mainichi Shimbun. 2022. "Nuclear sharing, a taboo or unavoidable reality? Japan parties intensify debate," March 2. https://mainichi.jp/english/articles/20220302/p2a/00m/0na/016000c

The Yomiuri Shimbun. 2022. "Yomiuri−Gallup poll: Two−thirds of people in Japan, U.S. in favor of Japan strengthening defense," December 16. https://japannews.yomiuri.co.jp/politics/defense−security/20221216−77773/

Tir, Jaroslav. 2010. "Territorial Diversion: Diversionary Theory of War and Territorial Conflict," *Journal of Politics*, Vol. 72, No. 2 (April 2010): 413−425.

Turkel, Nury and Beth Van Schaack. 2021. "What America Owes the Uyghurs: A Plan for Stopping China's Genocide," *Foreign Affairs*, July

16. https://www.foreignaffairs.com/articles/china/2021−07−16/what−america−owes−uyghurs

Waltz, Kenneth. 1979. *Theory of International Politics* (New York: McGraw−Hill).

Wallis, Jim. 2006. *God's Politics: Why the Right Gets It Wrong and the Left Doesn't Get It* (HarperSan Francisco).

Westad, Odd Arne. 2019. "The Sources of Chinese Conduct: Are Washington and Beijing Fighting a New Cold War?" *Foreign Affairs*, Vol. 98, No. 5 (September/October): 86−95.

Ye, Min. 2020. "Thucydides's Trap, Clash of Civilizations, or Divided Peace? U.S.−China Competition from TPP to BRI to FOIP," *Journal of Peace and War Studies*, 2nd Edition (October): 1−23.

2장

분단의 힘,
관행에서 연대로

한기호(아주대학교 아주통일연구소)

들어가며

2022년 가을, 필자는 그간의 현장 경험과 이론적 연구 결과를 녹여낸 책 《분단의 힘: 경계가 지배하는 한반도》(이하 '최근 저서')를 출간하였다. 이는 '영토적 경계가 낳은 불신의 맹아가 어떻게 한반도 주민들의 정체성을 지배하게 되었는가?'라는 질문에 대한 고민을 녹여낸 나름의 오답 노트였다. 여러 전공 분야를 관심사로 두고, 다학제적 연구(多學際的, multi and interdisciplinary)를 지향했던 통일학 전공자로서의 고민을 국제정치, 개발 협력, 법사회학, 북한경제, 과거사청산 분야에 대한 문제의식에 담아 '분단의 힘'의 실상에 조금 더 다가서고자 했다. 물론 책의 주요 소재를 기존 연구 성과들을 엮는 방식으로 활용하였기에 '힘'이라는 개념 자체에 대한 철학적이고 밀도 있는 해석에는 여러 뼘이 모자라다. 대신 그간 한반도에서 분단이 아니었다면 '조금은' 양상이 달라졌을 법한 남북관계, 북한 사회, 통일 담론 등 분단의 외피들을 생성하고 끊임없이 추동하는 분단의 실존적, 실효적 힘을 당사자의 시선에서 발굴(抜骨)해 보고자 하였다. 오랜 세월, 전쟁이 야기한 선명한 아픔을 딛고 분단 시민으로 살아온 우리가 주목해야 할 분단의 힘은 무엇일까? 그리고 이 땅에서 다음 세대가 열어갈 대안적 담론은 무엇일까?

분단체제 : 양 제도 권력의 안락한 집

한반도는 해방 후 새로운 민족 담론에 대한 토론과 질정의 과정이 채 영글기도 전에 남과 북의 단독정부 수립과 동족상잔의 전쟁을 거치면서 공고화된 분단체제로 옷을 갈아입었다. 한반도에 수립된 양 축의 제도 권력에 분단구조란 반쪽 정부 수립에 명분을 부여하는 안락한 집이었으며, 동북아 역내 지형에서 한·미·일과 북·중·러 간 세력을 규합하고 군사적 균형을 꾀하기에, 충분한 논거로 기능하였다. 분단체제가 유지되고 숙성되는데 더할 나위 없는 환경이 마련된 것이다.

돌이켜 보건대, 혼탁했던 해방 전후의 공간사는 국제규범의 조정권을 쥐고 세계질서를 주름잡았던 열강들, 그리고 새로이 재편

될 한반도 내 하나의 헤게모니(hegemony)를 쟁취하기 위한 불완전한 힘들이 양자 내지 다자간에 정면으로 충돌하던 시기였다. 처음부터 분단이 종착점은 아니었을 것이다. 각 축으로부터 만들어진 힘들이 마그마처럼 맹렬히 솟아오르며 뒤엉켰던 혼돈의 지점에서 민초들의 숭고한 저항만으로는, 이 땅에 '두 개의 한국'이 상정하는 분단질서의 걸음을 멈춰 세우기에 역부족이었을 것이다. 그렇게 분단의 힘은 실로 강력한 것이었다. 이는 지난 70여 년간의 분단체제가 꼿꼿이 유지되는 동안 어렵게 쌓아 올린 신뢰 구축의 노력이 모래성처럼 번번이 무너져 내린 뒤, 다시 불신과 군사적 대치상황으로 반복되는 장면들로 증명되어왔다. 남북정상간 판문점 선언이 발표된 지 2년 만에 대북전단을 이유로 개성 남북공동연락사무소가 폭파되는 참담한 사건이 발생했다. 통일부 시절 필자는 남북공동연락사무소의 운영과장으로 근무했기에 사건의 직접적인 당사자였다. 최근 남북간에 벌어지는 대북전단과 오물풍선 공방을 보고있자면 의지와 무관하게 그날의 기억들이 소환된다. 이와 같이 응보적이고 의도적인 사건들의 반복은 분단 적대성을 점증시키고, 한반도 내 적대 사이클을 생성한다. 최근 저서에서는 이를 상호 적대 인식에 기반한 한반도 숙적관계의 특질로 규정하고, '질주하는 분단'으로 묘사하였다. 숙적이론가들이 주장하는(갈등 구조로 인한 양국 간의) 숙적관계의 덫이자 '감옥효과(prison effect)'라는 비유는 한반도 상황에 여과 없이 들어맞는다. 이는 출구 없는 분쟁의 영속성이다.

그렇다면 분단을 규정하는 '경계'란 무엇일까? 최근 저서의 표지 제목에 대한 에피소드는 분단의 힘에 대한 각자의 해석이 다를 수 있음을 보여준다. 이는 책의 부제인 '경계가 지배하는 한반도'에서 한자동음어인 '경계'에 대한 중의적 해석에 관한 것이었다. 책의 최종제목을 확정한 후, 출판사 측은 표지상에서 '분단의 힘'을 디자인적으로 보조할만한 영어단어로 '조금도 방심하지 않는다'는 의미의 '경계(vigilant, 警戒)'를 제안하였다. 필자는 한반도 허리에 경계선을 긋는 단순한 행위가 야기한 나비효과에 초점을 맞추고 있었기에 부제 속 '경계'의 의미는 '경계(borderline, 境界)'였음을 출판사 측에 확인시켜 드린 일이 있다. 이 작은 에피소드는 한반도에 실재하는 분단의 힘의 생성논리에 대한 교훈을 제공한다. 제도적·지리적·물리적 관점의 '경계(borderline, 境界)'가 남북 주민 간의 적대 인식과 심리적 '경계(vigilant, 警戒)'의 확산에 기여하고, 'vigilant'는 다시 DMZ와 같은 'borderline'으로 상징화, 기념화되는 즉, 경계의 순환성이다. 이러한 제약 속에서 한반도 내 '강대강' 대치국면은 장기화의 국면에 접어들고 있다. 소위 온 국민이 전문가라는 대북정책은 이념을 달리하는 두 진영으로 분열되었고, 남북은 거대 후원국(great power) 중심의 두 개의 질서에 편입되었다. 더군다나 러우전쟁과 대만해협 문제로 한미일과 북중러의 선명성이 도드라지는 최근 동북아 정세에서 한국은 양자택일 성격의 권위주의와 민주주의 간 대립구조에 대한 선명한 입장을 요구받고 있다. 미국은 가치에 기반한 동맹 강화를, 중국은 애국주의에 기반한 전랑외교(wolf-warrior diplomacy)적 행태를 보다 노골화, 전략화할 것이 명확하다. 국제사회의 대북제재는 날로 촘촘해지고 있으며, 북한은 '대북 적대시 정책 철회'를 주장하며 대화 복귀 및 인도주의 협력 제안 일체를 거부하고 있다. 2024년 들어서는 기존의 통일정책 폐지와 민족관계 부정, 적대적 교전국을 의미하는 두 국가론을 위시로 남북관계를 '조한관계'로 재정의하기에 이르렀다. 이러한 한반도의 정치적 해법의 공백 상황은 필자가 이 글을 통해 분단 체제적 강직성과 군사적·물리적 힘에 기반한 분단 적대성, 그리고 국제정치학적 해법보다는 시민사회 내에서 분단구조를 보다 완화할 수 있는 일상적 연대의 힘에 주목하는 이유기도 하다. 힘에 대한 담론이 다층적으로 변화하면서 남북한의 평화적 공존을 위한 개인 간 혹은 시민사회를 잇는 국내외 연대의 필요성은 날로 증대되고 있다.

관행 이론과 분단 관행(慣行)

중층적이고 복잡다단한 국제정세에 포위된 한국, 장기화된 분단국가인 한국사회를 관통하는 특성을 제대로 진단하기에 유용한 도구는 무엇일까? 이 글에서는 사회적, 일상적, 개인적 '관행들'에 주목하고자 한다. 일반적으로 관행은 사회의 규범, 가치, 신념, 행동 양식 등이 반복적으로 행해지면서 형성되고, 사회 구성원들이 이를 받아들이고 준수하는 것을 의미한다. 이러한 관행에 대한 연구의 경험적 산물인 관행이론(Practice Theory)은 인간 행동과 사회적 관행을 이해하기 위한 사회과학적 접근 방식이다. 이 이론은 인간 행동의 루틴, 습관, 그리고 다양한 활동이 사회적, 문화적 맥락 속에서 어떻게 상호작용하는지를 중심으로 살핀다. 관행이론은 사람들이 일상에서 반복적으로 수행하는 행동들이 단순한 개인적 선택이 아니라, 사회적 규범, 기술, 물질적 조건 등에 의해 형성되고 유지된다는 관점을 제공한다. 인간 행위를 단순히 개별적이고 의도적인 행동으로 보는 것을 넘어서, 그 행동이 진행되는 더 넓은 사회적, 물질적, 문화적 맥락을 이해하려는 것이다. 따라서, 관행이론 연구자들은 사람들의 일상적인 활동과 관행을 통해 사회적 구조와 문화가 어떻게 만들어지고 재생산되는지, 또한 변화하는지를 탐구하고자 한다.

관행이론은 사회와 문화가 구조와 개인 행동 사이의 동적 상호작용의 결과로 생겨났다고 설명한다. 특히, 프랑스 사회학자 피에르 부르디외가 1972년에 발표한 〈실천의 이론 개요(Esquisse d'une théorie de la pratique)〉에서 이 이론의 기초를 마련했으며, 안소니 기든스와 미셸 드 세르토도 이 분야에 기여했다. 부르디외는 사회적 실천을 이해하기 위해 구조(structure), 습관(habitus), 그리고 개인 행동(practice) 사이의 관계를 중시했다. 부르디외의 관행이론은 세 가지 주요 개념인 습관(habitus), 장(field), 그리고 자본(capital)을 통해 사회적 실천을 분석한다. 습관은 개인이 세계와 자신의 위치를 인식하는 방식과 그에 따른 행동 양식을 의미하며, 장은 사회적 상호작용, 갈등, 경쟁이 일어나는 공간으로, 각기 다른 사회적 위치 간의 권력 관계로 정의된다. 자본은 경제적 의미 뿐만 아니라, 사회적 위치와 권력을 나타내는 상징적, 문화적 자본을 포함하는 개념이다. 부르디외는 이러한 개념들을 통해 개인, 가족, 사회 집단이 다양한 사회적 장에서 자신들의 위치를 조작하려는 의도성을 탐구했다(encyclopedia.com). 관행이론은 사회학, 교육학, 사회 인류학 등 여러 분야에 영향을 미쳤으며 조직, 건강, 교육, 지속 가능성, 기술 사용과 같은 다양한 주제에 적용되어 왔다. 사회적 계층의 재생산, 문화적 저항 형태, 사회적 정체성, 젠더 연구뿐만 아니라 학습과 전문가 공동체 연구에도 관행이론이 적용되어 왔다. 결과적으로 관행이론은 사회적 현상을 분석하고 이해하는 데 있어, 행위자의 역할 뿐만 아니라 그들이 참여하는 관행의 구조와 맥락을 모두 고려하는 포괄적인 접근 방식을 제공하기에 분단사회의 변화와 지속을 이해하는 데에도 중요한 역할을 할 수 있다.

연구의 대상이 되는 사회적 관행은 "사회구성원들의 일상생활 속에서 반복적으로 행해지는 행동양식으로서, 그것을 행하는 개인들 또는 집단에 의하여 당연시되고, 그 위반에 대하여 비난이나 제재의 대상이 되는 것"(이현경 2017)으로 볼 수도 있으나 관행 자체가 꼭 도덕적 규범을 상징하는 것은 아니기에 그의 위반이 반드시 비난이나 제재의 대상이 된다고는 볼 수 없다. 관행의 형성은 크게 두 가지 견해로 나뉘기도 한다. 첫 번째는 조정 해법 모델로, 관행은 사회 구성원들이 협력과 조정을 달성하기 위한 수단으로서 형성된다고 보는 시각이며, 두 번째는 규범적 모델로, 사회 구성원들의 규범과 가치에 근거하여 형성된다고 보는 견해이다(이현경 2017). 관행이론의 사회적 용처를 보면, 예를 들어, 법학에서는 법적 관행을 통해 법의 의미와 효력을 설명하고, 사회학에서는 사회 통합과 사회 변화를 이해하는 데 관행이론을 활용하기도 한다(이현경 2017).

이 글에서 다루는 관행은 사회학적 접근이며, 이러한 관행의 다양성은 이미 중국을 대상으로 연구된 바가 있다. 중국의 경우, 오랜 역사와 전통을 바탕으로 다양한 관행이 형성되어 왔다. 관행은 중국 사회의 규범과 가치를 형성하고, 사회 구성원들의 행동 양식을 규제하는 역할을 한다. 대표적 관행 사례로는 유교, 가부장제, 인맥 등을 꼽을 수 있다. 유교는 중국의 전통 사상으로, 사회 질서와 도덕을 강조하며 유교의 가치는 중국 사회의 관행에 깊이 뿌리박혀 중국인의 사고와 행동의 근간을 이루어 왔다. 전통적으로 가부장제를 따르는 중국 사회는 남성이 우위를 점하는 사회 구조를 형성해왔고 중국 사회의 관행에 반영되어, 여성의 지위와 권리가 상대적으로 낮은 수준에 머물도록 하는 요인이 된다. 중국에서의 인맥은 이미 중요한 사회 자본으로 통용되고 있다. 인맥을 통해 구직과 사업, 사회생활을 영위하는 경우가 다반사다. 중국의 인맥문화는 중국의 사회적 관행에 깊이 뿌리박혀 있으며, 중국의 경제 성장과 사회 발전에도 큰 영향을 미치고 있다. 기실 분단 시민적 관행에 대한 최근의 관심도 평소 교류하는 인천대 중국학술원 중국·화교문화연구소 측이 지난 10여 년간 근현대 중국 사회·경제 관행에 대한 조사와 연구에서 참고한 면이 있다. 추상적 담론이 아니라 중층적 역사과정을 거쳐 형성되고 검증된 중국인의 일상생활을 지속적이고 안정적으로 제어하는 무형의 사회운영시스템을 '관행'으로 규정하는데, 이 관행을 통해 중국사회의 통시적 변화와 지속을 조망할 수 있다는 것이다(전인갑 외, 2012). 일례로 〈중국관행자료총서〉와 〈중국관행연구총서〉 등의 발간을 통해 근·현대 중국의 사회경제 관행'을 살펴보면서 토지 소유권과 관련된 급격한 제도적 변화에도 불구하고, 20세기 전반기 중국 사회에서 농업 집단화의 해체 이후 토지 소유권을 둘러싼 - 명·청 시대 이래 형성되어온 - 사회 관행(토지소유관행)에서 일정한 지속성을 발견해낸 바는 주목할 만하다(이원준, 2019).

분단 이후 목도되는 한국사회의 관행에 대한 접근도 갑작스러운 등장이 아닌 이전 시기로부터 이어져 내려오는 사회문화적 흐름에 주목할 필요가 있다. 예를 들면 조선시대에는 농경사회로 대표되는 사회구조와 종법제와 친족조직이 중시되던 사회적 관행이 있었다. 농업생산력 발전에 따른 종법제는 사회구조의 기반을 이루었고 이 자체가 유교적 이데올로기의 장치가 되었다. 이와 함께 계층적 사회 구조가 형성되면서 불평등이 심화되었고 17세기 초기에 유지되던 여성에 대한 균분상속의 관습도 급격한 사회변동과 함께 여성이 경제적 희생자가 되었던 사례들도 살펴보아야 한다(윤진숙, 2013). 분단 이후 한국정부의 수립과 우리사회 역시 '조선'(북한)과 '한국'(남한)이라는 냉전시대로부터 답습된 국가성과 정치체제의 혼합적 통치 성격을 사회적 관행과 연계하여 이해할 필요가 있으며(김병로, 2012, 29), 당시 서구사회와는 문화적 차이가 존재했음을 기억해야 한다. 이후 현대 한국사회에서 나타난 불평등에 관한 관행적 행위와 시각도 우리사회를 바라보는 주요 키워드 중 하나이다. 한국사회에서 강조되었던 가족주의와 국민형성의 관점에서 불평등에 대한 사회적 시각도 중요한데 전사회적인 학연, 혈연, 지연의 확산과 함께 제약된 조건 속에서도 자신의 불평등한 시민권을 상쇄하기 위해 개별화된 형태로 전개되었던 가족주의적 실천들은 전사회적인 가족 경쟁 체제의 확장과 궤도를 함께하는 과정이었다는 것이다(김명희 2009, 267-277). 또한 근대화 과정에서 존재했던 사회적 불평등이 우리사회가 극심한 계층 사회로부터 탈피하는데 어려움을 겪는 요인이었다는 분석도 주목할 만하다(이종은, 2006).

이처럼 한국사회의 복잡다단함은 비단 분단 뿐만 아니라 명확히 분절되지 않은 전통적인 요인들, 사회가 주목해온 시대별 관점들, 여전히 남아있는 유교적 관습 등에 대한 총체적이고 장기적 관점의 연구를 통해 규명함이 바람직할 것이다. 다만 이 글에서는 분단 이후 약 80년, 정전 협정 체결 이후 70년 이상 자리잡은 관행적 요인들을 다루는 관계로 다른 환경요인들보다 분단체제가 초래한 관행 간의 인과관계에 주안점을 두고 있는 것이 사실이다. 분단구조에 대항하는 개인과 시민사회 내에서의 힘을 기술하려면 수십 년간의 분단체제가 시민들의 삶에 어떠한 '관행'(慣行)들로 자리 잡았는지 냉철하게 들여다보아야 한다. 특히 분단 이후 세대는 분단체제에 적응하기 위해 익숙한 방식들이 -정치, 제도, 시사, 문화 등 일상에서 소비하는 복수의 영역들에서- 관행적 사고로 사유 되고, 인식적으로 굳어졌을 가능성이 크다. 이는 분단으로 인한 문제의식을 약화하고, 구조의 개선을 위한 연대에 크고 험준한 제약 요인이 된다. 이러한 시민적 관행이 분단체제를 운영하는 지배 권력의 약한 고리(Weak Ties)를 메우고, 뒷받침하는 주요한 원동력이 된다는 것은 시사하는 바가 적지 않다. 법철학 연구자들에 의하면 사회적 관행(social convention)의 힘은 일상의 영역 뿐 아니라 지배계층이 관리하는 제도적 힘에 도전하고 영향을 주기도 한다. 따라서 분단으로 인한 분단 시민적 관행을 발견하고 공론화하여 분단극복과 한반도 구성원 간의 평화적 공존을 위해 개선해야 할 점이 있다면, 지속적으로 연대와 소통의 힘을 모아갈 필요가 있다.

항구화되고 있는 분단체제 또한 분단 시민 간 인식 깊숙이 영위하고 있는 무형의 '분단 관행'이 있었기에 시대적 계기에 따라 통일에 대한 캠페인이 들불처럼 일어났음에도 불구하고 한반도 내 두개의 진영에 빠르게 안착할 수 있었을 것이다.

분단 관행 : 네 가지 특성

　그렇다면 분단시민들이 사회적으로 공유하고 있는 관행이란 무엇일까? 네 가지 특성을 지적하고자 한다.

　첫째, 분단문제의 타자화(↔주체화)이다. 분단체제에서 태어나고 성장한 이들은 분단이 어색하거나 불편하지 않다. 분단으로 초래되는 경제, 사회, 안보 비용(동맹, 병역, 세금 등)에 둔감하며, 분단구조의 개선 동기가 기후, 환경 등 국제적 이슈만큼이나 사활적 이익(vital interest)으로 수용되지 않는다. 분단국가의 시민들이 분단 문제를 타자화하는 이유는 사회적, 심리적, 역사적 요인 등 복합적이다. 이는 종종 현실의 어려움, 두려움, 불확실성에 대한 반응으로서, 개인이나 집단이 분단의 일상적인 영향으로부터 일정한 거리를 두려고 하는 심리적 방어 메커니즘일 수 있다. 또한, 장기간에 걸친 분단 상태는 사람들이 분단을 일상의 한 부분으로 여기도록 추동한다. 이로 인해 분단 구조를 적극적으로 해결하려는 의지보다 익숙한 상태를 유지하고자 한다. 일상생활에서 분단의 비정상적 현실이 '정상'적으로 인식될 수 있으며, 세대를 거치면서 이러한 인식이 더욱 고착화될 수 있다. 무엇보다 분단 현상을 변경하려는 노력은 정치적, 경제적, 군사적 위험을 수반할 수 있기에 이에 대한 두려움을 간과하기 어렵다. 특히 한미동맹 등 고전적인 안보환경의 변화는 적지 않은 국제적, 사회적 갈등을 초래할 여지가 있다. 또한 교육과정에서 정치적 토론을 '정치적'으로 해석하고 자유로운 의견제시가 어려운 공교육 현장의 분위기도 사람들이 분단 상태를 비판적으로 바라보지 못하게 하는 요인이 된다. 독일의 경우 1976년, 소도시 보이텔스바흐에서 독일의 시민사회단체, 교육자, 정치가들의 토론 끝에 정치적 이념에 구애받지 않는 정치교육의 원칙을 확립했다. '보이텔스바흐 협약'의 적용은 학교 정치교육 지침과 독일 정치교육의 헌법의 역할을 넘어 공교육 범주 전체로 확대되었으며 유럽연합 국가들의 보편적인 원칙이 되었다. 당시는 한국의 학생들이 동학농민운동을 '동학란'으로 배우고, 한국식 민주주의는 분단적 상황 하에서 국민의 정치적 자유를 제한할 수 밖에 없는 것임을 배우던 유신독재시절이었다.

둘째, 분단대상에의 적대성, 혐오증(phobia)의 확산이다. 남한 사람들이 북한 정권, 북한 사람, 북한 이탈 주민에 대해 부정적인 태도를 갖는 이유는 중층적이다. 북한, 나아가 중국(러시아) 자체에 대한 기피, 분노, 공포, 조롱 등의 현상은 사회심리학적으로 소셜포비아(socialphobia)적 군중 심리와도 닮아있다. 상호 정치적 이질성과 동맹환경에 따른 안보·경제적 위협요인 외에도 자국민 우선주의의 세계적 추이 등 이해 국가에 대한 혐오가 분단세대의 정서로 자리 잡는 현상은 복합적 요인에 기인한다. 이와 같은 현상은 '투키디데스의 함정'(Thucydides Trap)에 비견되는 미·중 전략경쟁 사이에서 상시적으로 손실 회피(Hedge) 전략을 구사해야 하는 중소 국가의 처지에서 실용적 외교 공간을 감소시키고 국익을 위한 합리적 판단을 저해할 우려를 낳는다. 남북관계로 보면, 북한 정권을 넘어 북한사람(탈북민 등)에 대한 혐오 그리고 다른 사회에서 유입된 타자(다문화권)에 대한 혐오로까지 확산이 되어, 지리적, 정서적 차원의 분단 유지에 기여하게 된다. 이러한 사회적 인식은 역사적 갈등, 정치적 선전, 사회적 편견, 미디어의 영향 등 다양한 요인이 작용한 결과물이라는 사실을 직시해야 한다. 분단된 역사와 지속적인 대립 상황은 서로에 대한 오해와 불신을 조장하며, 이는 대상에 대한 적대적이고 부정적인 정서를 강화하는 악순환의 고리를 형성한다. 이러한 문제를 개선하기 위해 정치적 상황에 구애 받지 않는 상호 정례적인 민관 연락협의 수단을 안정적으로 운영하고 이해와 대화를 촉진하는 동시에 평화통일교육을 통해 편견을 해소하는 노력이 필요하다.

　셋째, 국내정치에의 왜곡이다. 이는 분단 시민들의 무관심 또는 이분법적 진영논리의 과잉으로 발현된다. 한국 정부 수립 후 여야 거대 정당의 정치세력의 근원은 보수적 가치관을 지닌 미청산 친일정당에서 비롯되었다는 비판론에서 자유롭지 못하다. 따라서 양 정당은 국익보다는 정통성 결핍에 기인한 자신의 정당성 확보를 위해 상대를 맹목적으로 적대시해왔다. 동시에 북한, 안보, 평화에 대한 이념적 가치관과 지역적 감정을 국내정치에 프로파간다(propaganda)로 활용하며 기꺼이 유권자를 진영화해왔음을 부정하기 어렵다. 이에 분단 시민들은 정치참여를 회피하며 주권자의 대리인을 자처하는 정치 권력의 '교대'를 관행적으로 묵인하고, 거대 정당은 제도적인 카르텔을 유지한다. 이처럼 한국인들의 정치 혐오와 무관심은 분단 상황과 밀접한 관련이 있다. 분단은 지속적인 안보 위협과 정치적 긴장을 초래하며, 이러한 환경은 정치적 대립과 진영 간 갈등을 심화시킨다. 이러한 분열은 유권자들 사이의 정치적 선택과 선호에 영향을 주며, 사회적 대화와 정치적 결정 과정에 깊이 연루되어 있다. 결과적으로 이러한 구조적 현상들은 시민 유권자들 사이에서 정치에 대한 냉소적인 태도와 무관심을 야기하고 혹은 일부 유권자들이 지나치게 응보적 관점을 지닌 채 정치 과잉적 성향을 드러내는 데 영향을 줄 수 있다. 다만 시민의 정치 혐오와 무관심을 만드는 사회구조적 요인은 사회 경제적 조건, 교육 수준, 미디어의 역할 등 다양한 요소에 의해 영향을 받을 수 있기에 가변적인 요소들이 함께 고려될 필요가 있다.

넷째, 구조적(언어적) 폭력성의 침투(수렴)이다. 개인의 의도와 무관하게 분단과 한국전쟁 이후 사실상 병영국가 사회에서 살아온 한국인들은 유년기부터 폭력적이고 자극적인 군사용어로 일상을 두른 채 살아왔다. 한국의 청소년들이 군사용어를 은유의 방식으로 일상적으로 사용하는 현상은 한국의 특정 사회문화적 배경, 즉 국방의 의무, 분단의 역사 등과 같은 특수한 사회적 경험에 기인할 가능성이 높다. 은유로서의 언어는 왜 중요한가? 언어학자 조지 레이코프(Grorge Lakoff)가 〈삶으로서의 은유〉(박이정출판사 2006)를 통해 마음의 기본적 기제로서의 은유를 설명한다. 즉 우리가 신체적, 사회적으로 경험한 것을 통해 다른 주제를 설명할 때 은유의 방법을 쓴다는 것을 원용하면 군사용어의 일상화는 그 자체로 머물기보다 주변부로의 확장성을 의미하는 것이며 우리의 수많은 경험들에 대한 기본적 이해를 구조화할때 무의식적으로 은유를 통해 시각과 행위를 구성하게 되는데 이 과정에도 '은유의 군사화'는 일정한 영향을 미칠 수 밖에 없는 것이다. 물론 일반적인 청소년들 사이의 비속어나 욕설처럼 언어의 기원도 모른 채 일시적인 또래문화로 자리잡았다가 성인이 되어 자연스럽게 교정될 수도 있으나, 일상적 군사용어의 경우 그 범주가 광범위하다는 데 또 다른 심각성이 있다. 한국에서 일상적으로 사용되는 군사용어와 이를 차용한 자극적인 기사 제목은 정치, 경제, 스포츠, 예능 등 분야를 가리지 않는다. 일반적으로 긴장감을 높이고 독자의 주목을 끌기 위해, 때로는 상황의 심각성을 강조할 때에도 적극 활용된다. 예를 들면 "융단폭격", "포문을 열다", "사정권에 들어오다", "신호탄을 쏘아올리다", "확인사살", "공중분해", "필승", "정복", "총대를 메다", "전차군단", "총알받이", "작렬하다", "전면전", "사령관", "원산폭격", "돌파", "대폭발", "뇌관이 터지다" 등 사회 전반을 지배하는 관행적 어휘들로 군사용어의 폭력성에 거부감없이 동화되거나 이를 무비판적으로 내재화하게 경향을 경계할 필요가 있다.

그렇다면 이와 같은 현상은 전쟁과 분단을 경험한 한국사회만의 고유한 특성일까? 또는 서울대학교 박훈 교수가 지적하듯 일제의 조선식민지 과정에서 체득한 민족적 특수성[1]이란 토대 위에 분단과 전쟁을 거치면서 호전적 어휘들이 일상화된 것일까? 이는 역사의 연속성의 측면에서 해석됨이 타당할 것이다. 보편성과 특수성의 맥락에서 군사용어의 사회적 침투는 전 세계적으로 공통된 현상 중 하나로 볼 수 있으나 각 국가의 특정한 역사적 혹은 문화적 맥락에 따라 달라질 수 있다. 유럽 제국은 1492년부터 1914년 사이 전 세계 영토의 80%를 정복했다. 이 과정은 오늘날 대부

---

1 경향신문 2017년 7월 26일자. https://www.khan.co.kr/opinion/column/article/201707261119001

분의 국가에 영향을 미쳤을 것으로 추정된다.[2] 일례로 20세기초 프랑스와 독일에서 일어난 예술 운동을 뜻하는 아방가르드(Avant-Garde, 실제 뜻은 전방의 호위부대)와 같이 군사적 상황에서 유래된 표현들이 국가 간 일상적 언어로 전이, 흡수되어 왔음을 보여준다. 독일, 영국, 미국, 프랑스, 러시아, 일본 등 전쟁범죄 및 식민가해국가의 경우에도 군사용어가 일상어에 통합되어 사용되고 있으며, 이는 문학적 계보, 역사적 사건, 군사적 전통 등에 기인한다.

독일의 경우, "Unter dem Radar fliegen(레이더 아래로 날다, 즉 눈에 띄지 않게 행동하다)", "Blitz(급습)", "Stellungskrieg(참호전)", "Kadavergehorsam(무조건적 복종)", "Spaten(군용 삽)"과 같은 용어들을 일반 대화에서도 다양한 상황을 묘사하기 위해 사용된다. 예를 들어, "Blitz"는 빠른 속도로 이루어지는 어떤 행동을 지칭하는 데 사용되곤 한다. 주목할만한 것은 군사용어에서 관용어의 상당수는 수백년 전 독일어에서 유래되었다는 사실이다.[3] 영국의 경우에는 "Bite the bullet(총알을 물다, 즉 어려운 상황을 용감하게 견디다)", "no man's land(전선 사이의 무주지대)", "bite the bullet(어려운 상황을 감내하다)", "over the top(극단적인, 과도한)", "in the trenches(어려운 상황에 처한)", "going AWOL(무단 이탈)", "bunker mentality(공격을 받을 때 방어적 태도)", "sniper(숨어서 비밀리에 비판하

---

2 https://world101.cfr.org/contemporary-history/global-era/how-did-decolonization-reshape-world.

3 https://www.dw.com/en/how-military-slang-slips-into-everyday-civilian-use/a-53057109

는 사람)" 등이 군사용어가 관용어로 고착화된 사례에 해당한다. 같은 영어권인 미국의 경우에도 "Boots on the ground(지상에 부츠를, 즉 지상 군대가 투입되다)", "boot camp(기본 훈련)", "on the front lines(중요하거나 어려운 일을 직접 다루다)", "caught in the crossfire(두 상충되는 힘 사이에 끼다)", "Missing In Action(MIA, 실종된)", "go nuclear(극단적 조치를 취하다)", "snafu(혼란 상태)" 등의 군사적 표현을 일상에서 사용하고 있다. 프랑스의 경우도 "Battre en retraite(퇴각하다, 즉 어떤 상황에서 물러나다)", "en première ligne(전선에서, 중요한 역할을 하다)", "tirer son épingle du jeu(어려운 상황에서 잘 벗어나다)" 등이 사례가 있으며, 러시아의 경우 "маскировка(위장)", "разведка"(정찰), "засада"(매복) 같은 용어를, 일본의 경우 "総力戦(총력전)", "特攻(특공, 자살 공격을 의미하는 특별공격의 줄임말)", "陣地(진지)" 등의 표현들이 군사적 배경에서 유래했지만, 현재는 일상 대화나 비즈니스 상황에서 전략이나 태도를 설명하는 데 사용되고 있다. 이러한 표현들은 각 국가의 군사적, 문화적, 역사적 경험이 사회구성원들의 일상 언어에 어떻게 영향을 미치는지 보여주는 분명한 사례이다.[4]

이처럼 전쟁을 경험한 국가 내 일상언어의 상당부분은 군사용어로 대체되는데 비단 청소년들도 예외는 아니다. 특히 현재 전쟁이 진행중인 국가의 경우, 그 정도가 더욱 심하다. 군사적 폭력

---

4 https://www.dw.com/en/how-military-slang-slips-into-everyday-civilian-use/a-53057109

에 상시적으로 노출된 청소년들은 지속적인 스트레스와 공포로 인한 트라우마로부터 언어습관이 변화되고 심리적인 영향을 받게 된다. 학교 공동체로부터 또래들과 격리되어 사회적 고립을 경험하며 상호작용에 문제가 생겨 언어발달에 제한을 받기도 한다. 일상적으로 부정적이고 공격적인 언어 혹은 군사용어의 사용빈도가 높으며 이를 표현하는 데 둔감해지는 경향이 있다. 또한 전시중에는 정치적으로 선전되거나 검증된 언어를 사용해야 하는 일상적 압박에 직면하며 미디어와 정보의 통제로 비판적 사고를 함양하기 어려워진다.[5] 유년기 한국전쟁을 경험한 한반도의 기성세대 또한 이러한 환경에 직간접적으로 노출되었을 가능성이 크다. 한국은 정전협정이 체결되었지만 제도적으로 전쟁이 종식되지 않은 분단국의 특수한 상황과 전쟁 상대였던 북한—여전히 국방백서상 주요한 위협이나 적으로 등장하는—과의 불안한 관계 또한 전 세대에 걸쳐 군사용어가 관용적으로 자리잡게 된 요인으로 꼽는다. 남성성이 중심이 된 군대의 존재는 학교의 교가에도 영향을 주었다. 강화여자고등학교의 교가 후렴부인 '~여자다워라'가 '~지혜로워라'로 바뀌는 데 60년이 걸렸던 사례(2016년 5월 개사)는[6] 분단 상황이 젠더인식 또한 통제할 수 있음을 말해준다. 한미동맹을 비롯

---

5   https://www.dw.com/en/how-military-slang-slips-into-everyday-civilian-use/a-53057109

6   https://www.sisain.co.kr/news/articleView.html?idxno=34238

한 국제사회의 진영화 흐름도 분단국에게 또렷한 피아식별을 요구하며 적으로 규정된 상대는 동시대에 공존할 수 없는 대상으로 묘사한다. 현대사회의 온라인 소셜 커뮤니티의 발달은 이러한 자극적이고 파괴적인 언어문화를 주변으로 확산시키는데 수월한 환경을 제공하고 있다.

　독립과 통일이라는 과제를 남겨왔던 한반도 근현대사에서 사회적 관행이란 것은 시민들이 스스로 만들어내기도 하지만, 지배 담론의 힘에 의해 자발적 혹은 비자발적으로 조응하면서 보다 견고해지고 보수적인 외형을 띠게 되었는지도 모른다. 다만 불완전한 사회적 구조에 기생하는 관행을 타파하고, 사회구조나 개개인의 의식을 변화시키기 위한 연대의 노력이 없었던 것은 아니다. 복기해 보건대, 한반도 분단 이전의 시대적 화두는 단연 일제강점기로부터의 독립이었다. 당시 지배 권력의 주변부에 놓인 조선 청년들의 행적은 일상에서 만들어가는 힘에 주목했던 서사였다. 여전히 사회로부터의 공적 사유가 부족하긴 하나, 약 100년 전 일본 니가타현 조선인 노동자 학살 사건에 분개하여 '흑도회(黑濤會)' 등을 조직했던 독립운동가 '박열'이나, 국제법 체제 하에서 자신의 모든 것을 연해주 조선인들과 항일운동을 위해 쏟아부었던 용정 서전서숙 설립자 '이상설'은 지배와 억압으로 점철된 일제강점기 당시 한반도의 구조적 힘의 변경을 위해 주변과의 연대를 시도했던 동량들이었다. 특히 칭화대 쑹녠선 교수는 그의 저서에서 간도

파출소의 총무과장이었던 시노다 지사쿠(篠田 治策)와 이상설이 간도에서 교차하는 장면을 기술한 바 있다. 그는 일제강점기에 대한 조선인의 피상적 피해 담론에서 벗어나 조선의 국권을 침탈한 일본이 19세기 말에서 20세기 초에 이르기까지 한반도를 '보호국'으로 삼기 위해 보편적 규범인 '국제법'을 얼마나 기민하게 인식하고 적의 활용했는지, 또한 쇠락한 '보호국'을 살아내던 이상설에게 국제법이 얼마나 높은 벽이었는지를 생생히 기술하고 있다. 이처럼 불완전했던 시대적 관행에의 변경 노력에는 사회구조를 운행하는 지배계급에 대한 저항적 성격이 녹아 있기도 하다.

나가며 : 평화들(peaces)의 발견과 연대

    분단 관행에 대한 직선적인 대안 제시는 여전히 어렵다. 그럼에도 분단체제 하에서 목도되어 온 연대적 실천 사례들은 강토가 둘로 나누어진 분단체제를 소비하는 사람들에게도 일련의 시사점을 제공한다. 사회정치적으로 연대(solidarity)라는 것은 현대사회의 공동체의 해체, 기존의 왜곡된 질서, 비정상성에의 인류애(humanity)적, 형제애(fraternity)적, 공동체(community)적 저항이다. 특히 남한과 북한은 유엔 가입 국가임에도 불구하고 한반도는 1994년 UNDP에서 주창된 인간안보 개념이 정전체제 하에서 −군사적 위협(南北), 미중전략경쟁에 기인한 경제안보적 선택지의 제약(南北), 자강력 명목의 핵개발−대북제재−인도주의 위기(北),

상호 경제, 문화교류적 단절과 병영사회적 병폐(南北) 등- 수십년 간 정면으로 훼손되고 있는 공간이기도 하다. 인간안보 개념을 최초로 소개한 UNDP는 1994년 보고서에서 '안보란 지속적인 기아, 질병, 범죄, 억압으로부터의 안전을 의미하며, 가정이나 일터 등 사람들의 일상을 갑작스럽고 고통스럽게 파괴하는 위협으로부터의 보호'라고 정의한 후 이를 비전통적 안보 개념인 '인간안보'로 규정하였다. UNDP는 인간안보를 7개의 영역 -경제안보, 식량안보, 보건안보, 환경안보, 개인안보, 사회안보, 정치안보-으로 분류한 바 있다(United Nations Development Programmes, 1994, 24). 그리고 인간안보 확립을 위해서는 '물리적 폭력이나 군사력 위협으로부터의 자유(freedom from fear)'를 확보해야 한다는 것을 인정하면서도 국제사회의 심각한 빈곤과 기아에 주목하여 '빈곤이나 기아로부터의 자유(freedom from want)'에 우선순위를 부여하였고, 그에 따라 경제안보를 강조하고 있다(이혜정·박지범, 2013, 7~10). 이러한 관점에서 분단체제가 한반도 거주민의 인간안보를 위협할 제도적인 명분을 스스로 부여하고 있는 것은 아닌지 자문해보아야 한다.

한반도의 분단관행을 개선하기 위해 연대의 방식에 주목하는 이유는 단지 우리가 직면한 시대적 배경이 분단이어서 라기보다, 이미 한반도 주변을 살아갔던 수많은 사람들이 일상의 영역에서 지배 권력의 힘에 맞섰던 연대의 힘이 현재에도 사회 곳곳에 실재하며 영향력을 행사하기 때문이다. 그렇다면 흔히 말하는 연대의 정신과 구현에 있어 고려해야 할 성격은 무엇인가? 불(Bull)은 '제도나 규범에 관한 국제 사회 구성원들의 연대나 그 가능성'을 '연대주의'로 정의한다(Hedley Bull, 52). 시간이 지남에 따라 연대주의는 드러나 있는 국제적 정서를 활용해 왔다. 예를 들어 메이올 (Mayall, 2000)은 그의 연대 방정식을 통해 '인류가 하나'라고 주장하는데 이는 개인의 권리를 중심으로 한 '기본적 보편주의'가 국가사회를 지지한다는 링클레이터(Linklater)의 믿음을 반영한 것이기도 하다(Mayall, 2000, 14). 분단체제의 폭력성에 기반한 분단관행 개선(또는 탈분단)에 대한 연대적 흐름 또한 이러한 국제사회의 보편적 가치 구현의 차원에서 접근되어야 정당성과 지지를 꾸준히 획득할 수 있을 것이다. 물론 탈분단적 연대주의 캠페인이 가시적인 제도적 성과로 귀결되기에는 어려움이 있음을 인정해야 한다. 연대주의가 도전하는 기존 질서에 대한 저항은 벨라미(Bellamy)가 정확하게 말한 것처럼 '대부분의 연대주의가 합의와 강압, 사상 및 물질적 힘의 미묘한 조화에서 비롯되는 것'이기 때문에 실제 '세계사회'의 형태로 구현되기 어려운 과제임을 부정할 수는 없다(Alex Bellamy, 2005, 291-292). 연대의 방식에는 이론적으로 유연한 연대에서 강압적 연대까지 다양한 층위가 있을 것이므로 캠페인의 순수성이 정치적으로 오인받지 않도록 대중을 설득할 수 있는 논리 개발도 수반될 필요가 있다. 일례로 유연한 연대주의(Thin solidarism)는 종종 국제주의적이고 인류보편적인 시각으로 빈곤문제에 접근하지만 때로는 접근 방식이 순수하게 윤리적인가 라는 비판의 여지를 남긴다(Alex Bellamy. 2005, 292). 예를 들어 이란, 베네수엘라, 알제리에 대한 UNDP의 인간안보 개념이 비(非) 서구 국가의 국내 문제에 대한 서방 국가의 간섭을 정당화하는 개념적 지표가 될 수 있고 이들 국가들은 민주주의 체제 하에서만 달성될 수 있는 목표로 삼는 것에 두려움을 갖기도 한다. 반면 강압적 연대주의(Thick solidarism)는 상대국의 주요 관행에 대한 명확한 규제 효과가 있는 광범위한 수용을 목표로 엄격한 집행을 의미한다. 노예 거래 금지(Stephen Krasner. 1999, 107), 제네바 협약과 유럽 연합의 진보적 발전은 강압적 연대주의가 통치나 집행의 형태로 나타났던 예로 거론된다. 인간안보 네트워크(Human Security Network)와 여러 지역기구(EU, AU, Pacific Island Forum)는 인간 안보를 강압적 연대주의로 해석하기도 한다(UN General Assembly press release GA/10944)(한기호, 2019. 29쪽). 따라서 이처럼 강고한 분단체제 하에서는 '가랑비에 옷을 적시는' 방식의 시민사회의 연대와 이를 위한 각 단위별 동력을 유지하는 것이 중요하다.

분단은 반공 이데올로기로 인한 '레드콤플렉스'(Red complex)를 위시로 무수히도 많은 '폭력 점'들로부터 선과 면의 형태로 우리 일상 속에 관행화되어왔다. 관행적으로 자리 잡은 소시민적 속성은 분단 권력과 한 몸이 되어 분단구조를 재생산하고 지탱해왔다. 적어도 '분단구조 하에서 한반도에 평화가 정착되기 어렵다'는 명제가 확인되었다. 이른바 '분단 관행'에 저항하기 위해서는 먼저 한반도에 정착한 분단 구조적 힘으로부터 일상의 영역에 뿌리내린 부정적 관행들을 수정하고, 여러 층위의 갈등을 평화적인 방법으로 봉합해나가는 과정이 필요하다. 시민사회 안에서 다양한 방식의 연대 또한 긴요하다. 회복적 공동체의 관점에서 평화로운 한반도를 위한 '우분투(Ubuntu, 아프리카 반투족 말 '우리가 있기에 네가 있다(I am because you are)')'적 상상력을 키우고 확산시킬 때, 분단 관행이 남북간, 우리사회내 적대성을 심화하고 경쟁을 부추기며 세대 간에 여과 없이 전이되는 속도를 다소간 늦출 수 있을 것이다. 즉, 개인 혹은 그룹은 분단 감수성에 대한 자각으로 성장하고(Power with) 주변과 연대하며(Power within) 힘을 기르는(Power to) 한편, 궁극적으로는 제도 권력(Power over)의 정책적 방향에까지 선한 영향을 행사하게 되는 것이다. 따라서 국내외에 흩어져 있는 연대의 힘들을 정돈하고 효과적으로 지원하는 일을 무겁게 인식할 필요가 있다.

예를 들면 지난 20여 년간 독일 등 해외에서 코리안 디아스포라로 활동하는 여성 그룹을 비롯하여 실천적 학자들 간의 연대의 힘이 존재해왔다. '분단 시민(당사자)'의 이름으로 다른 집단보다 상대적으로 자각에 예민한 여성 그룹들, 특히 연대와 평화의 길에 의미 있는 디딤돌을 놓아가는 이들을 잘 묶어내고, 그 외침이 대중에게 보다 선명히 전달될 수 있도록 미디어 친화적인 환경이 조성하는 것이 중요하다. 이른바 '분단문화'적 관점이다. 그럼 어떻게 할 것인가? 일상 속에서 고군분투하는 우리의 모습들을 관찰

하여 선이 간결한 메시지로 전달하는 프랑스 그래픽 아티스트 장 쥘리앙(Jean Jullien)을 떠올려봐도 좋다. 모두가 관행적으로 치르고 있는 일상에서의 분단비용을 방식의 구애 없이 단순·투박하면서도 재치 있게 스토리텔링(storytelling)화하는 시도들은 환대 받아 마땅하다.

마지막으로 한반도 내에서의 갈등과 반목의 힘은 실로 강고하고 긴 생명력을 유지해왔기에 평화 담론도 당위론적이기보다 다양한 미래를 고려한 가변적 관점에서 접근되기를 바라본다. 이를테면 분단구조가 야기한 폭력성이 안정적으로 관리될 수 있다면, 남북관계의 근본적 '테제'로 상정되어온 민족공동체 통일방안과 1국가 1체제 통일론도 두 국가론을 고수하는 북한의 대남정책의 추이와 우리 헌법의 시대적 가치 등을 고려하여 미래세대의 가변적 환경에 맞게 재고될 수 있을 것이다. 또한 여러 층위의 새로운 평화들(peaces)의 등장을 배제하지 않고, 분단구조의 폭력성을 입체적이고 질적으로 담지하고자 하는 비판적 평화 이론가들의 노력도 연대적 차원에서 보다 주목받기를 바란다. 다큐멘터리 〈어른 김장하〉에 나오는 "사부작사부작 꼼지락꼼지락"의 방식으로 분단 시민들의 목소리가 모이고 만날 때, 대결과 교착 상태에 머물러 있는 분단의 댐에 작은 균열을 낼 수 있을지 누가 알겠는가? "누군가 뱉어 내면, 허공 저쪽에서 누군가는 받아 줄 것"이라는 어느 해외 평화활동가의 말은 연대를 주저하는 모든 이들에게 위로로 다가온다.

참고문헌

김명희, 「한국의 국민형성과 '가족주의'의 정치적재생산」, 『기억과 전망』 21호, 한국민주주의연구소, 2009.

김병로, 「분단체제와 분단효과: 남북관계의 상호작용 방식과 영향 분석」, 『한반도 비평화 구조와 분단:이론과 실제 세미나 자료집』, 서울대 통일평화연구원, 2012.5.17.

쑹녠선, 『두만강 국경쟁탈전 1881−1919』, 너머북스, 2022.

윤진숙, 「조선시대 균분상속제도와 그 의미」, 『법철학 연구』 16권 2호, 2013.

이동기, 『PEACES』 창간호, 강원대 통일강원연구원, 2022.

이원준, 『근대 중국의 토지 소유권과 사회 관행』, 학고방, 2019.

이정희 외, 『한반도화교사전』, 인터북스, 2019.

이종은, 「대한민국의 근대화: 국가 사회의 분화」, 『한국정치연구』 제15집 제1호, 2006.

이현경, 「법적 관행의 개념과 그 요건」, 『법학논총』 37권 2호, 전남대 법학연구소, 2017.

이현경, 「사회적 관행 이론의 세 모델 : 비판적 고찰」, 『법학논집』 21권 3호, 이화여대 법학연구소, 2017.

이혜정·박지범, 「인간안보 :국제규범의 창안, 변형과 확산」, 『국제·지역연구』 22권 1호, 2013.

전인갑 외, 「중국관행연구의 이론과 재구성」, 『중국관행총서』 01, 한국학술정보㈜, 2012.

조지 레이코프, 「삶으로서의 은유」, 박이정출판사, 2006.

한기호, 『분단의 힘』, 선인, 2022.

한기호, 「북한개발협력의 제도적 개선에 관한 연구」, 연세대학교 일반대학원 박사학위논문, 연세대학교, 2019.

『매일경제』, 2022년 11월 10일자.

Alex Bellamy. 2005. 'Conclusion: Whither International Society?', in *International Society and its Critics*, ed. Alex J. Bellamy. Oxford: Oxford University Press.

Hedley Bull. 1966. 'he Grotian Conception of International Society' in H. Butterfield and M. Wight (eds) *Diplomatic Investigations: Essays in the Theory of International Politics*. London: Allen and Unwin.

James Mayall. 2000. *World Politics: Progress and its Limits*. Cambridge: Polity Press.

Stephen Krasner. 1999. *Sovereignty: Organized Hypocrisy. Princeton*, NJ: Princeton University Press. 107쪽.

UN General Assembly press release GA/10944(https://press.un.org/en/2010/ga10944.doc.htm)(검색일 2023.6.18)

United Nations Development Programmes, *Human Development Report* : New Dimensions of Human Security, 1994.

https://www.encyclopedia.com/social-sciences/applied-and-social-sciences-magazines/practice-theory

https://www.dw.com/en/how-military-slang-slips-into-everyday-civilian-use/a-53057109

https://www.sisain.co.kr/news/articleView.html?idxno=34238

3장

북미 협상의 장애물: 북한에 대한 미국의 선입견, 그리고 인식과 오판의 문제

이인엽(테네시 테크 대학교)

들어가며

제1차 북핵위기가 시작된 1993년 부터 현재까지, 거의 30년
간 북미간에 다양한 방식의 비핵화 및 관계개선 협상이 진행되어
왔지만, 궁극적으로 성공하지 못했다. 관련국들이 비핵화와 평화
협정 및 관계개선을 교환하는 협상의 최종 목표에는 어느 정도 동
의하지만 그 목표에 이르는 과정에 여러가지 암초들이 자리 잡
고 있기 때문이다. 대표적인 예로, 북한과 미국간에 존재하는 불
신, 그리고 누가 어떤 행동을 어떤 순서로 할 것이냐의 문제, 그
리고 관련국들의 국내정치 상황 변화에 따른 정책의 비일관성 등
이다. 특히 본 고에서는 여러 협상의 장애물 중, '북한에 대한 미
국의 인식'에 어떤 문제들이 있는지 살펴보려고 한다. 이를 위해

두가지 분석의 틀을 적용하는데, 첫번째는 에드워드 사이드가 제시한 "오리엔탈리즘(Orientalism)"이고, 두번째는 로버트 저비스가 소개한 "국제정치에서 인식과 오인(Perception and Misperception in International Politics)"의 개념이다.

본문에서는 먼저 두 가지 분석의 틀을 소개한 후, 이를 적용해, 북한에 대한 미국의 인식의 문제가 대북정책의 정보수집과 분석, 그리고 정책 결정 과정에서 어떠한 작용을 하는지 소개하고 설명하려고 한다. 구체적으로 한반도의 역사에 대한 인식, 북한 정권과 사회 및 인권에 대한 인식, 탈북자들을 중심으로 한 제한적인 정보 소스의 문제, 북한 붕괴론에 대한 믿음, 그리고 경제제재를 비롯한 미국의 압박정책의 효과에 대한 과신 등이다. 결론에서는 북한에 대한 미국의 인식에서 정보의 제한성, 편향성, 그리고 자기 중심적이고 일방적인 해석의 문제가, 북한 문제를 객관적이고 실용적이며 현실적으로 바라보는데 걸림돌이 되고 있음을 지적하려고 한다.

이론적 틀

오리엔탈리즘

에드워드 사이드는 자신의 저서 '오리엔탈리즘(Said 1979)'을 통해 비서구 세계(중동, 아시아, 아프리카 등)을 보는 서구의 편견과 고정관념을 분석했다. 서구는 자기 중심적 편견으로, 스스로를 긍정적으로 인식한 반면, 비서구를 타자화 하며 부정적으로 인식한다. 예를 들어 서구는 자신을 발전되고 합리적이며 유연하고 우월하다고 본 반면, 비서구는 변화가 없는 저발전의 세계로 인식했다. 때로 오리엔탈리즘은 모순적인 양상을 띄기도 하는데, 비서구는 발전되지 못해서 약한 존재인 동시에 문명화 되지 못해 야만적이고 위협적인 존재로 인식되기도 했다. 발전되지 못하고 약한 어린아이, 혹은 여성과 같은 존재라는 인식은 서구의 보호와 개입을 정당화 했고, 동시에 야만적이고 위협적인 존재라는 인식은, 협상이나 대화로 갈등을 해결할 수 없고, 서구의 우월한 무력을 통해 굴복시켜야 한다는 생각을 합리화 했다.

사이드는 오리엔탈리즘이 단순한 고정관념이나 오해를 넘어선 정치적 경제적 목표와 결부된다고 보는데, 즉 비 서구 세계에 대한 서구의 지배와 식민화를 정당화 하기 위해 활용되었다는 것이다. 유럽의 제국주의 세력은 비 서구 세계를 식민화 하면서, 기독교의 전파와 문명화를 내걸었다. 또한 이러한 사고는 유럽을 대신해 패권국으로 부상한 미국에서 자연스럽게 이어졌다. 영국의 작가 러디어드 키플링은 1899년에 발표한 시 "백인의 짐 – 미국과 필리핀 제도"를 통해 '백인의 짐(The White Man's Burden)'이라는 개념을 유명하게 만들었는데, 백인이 유색인종을 지배하는 것을 '미개한 인종을 개화시키기 위한 의무'로 포장했고, 스페인을 대신해 미국이 지배하게 된 필리핀을 "반은 악마, 반은 어린애"라고 묘사했다. 비서구를 무력으로 굴복시키고 문명화 해야 할 존재로 인식하는 오리엔탈리즘의 시각이 유럽에서 미국으로 이어져 온 것이다(Kipling 1929).

'미국 예외주의(American exceptionalism)'는 미국이 스스로를 정치, 경제, 사회, 역사 등 모든 면에서 다른 나라들과는 다른 특별한 존재로 인식하는 경향을 말한다. '희망의 횃불(beacon of hope)'이

자 '언덕위의 도시(The City upon a Hill)'인 미국은 기독교와 문명을
전파할 '명백한 운명(Manifest Destiny)'을 가진다는 것이다. 이런 면
에서 미국은 스스로를 선, 적대국을 악으로 보는 이분법적 성향
을 보이며, 상대를 미국의 기준에 맞춰 변화 시키거나, 아니면 무
력으로 응징하고 격퇴해야 한다고 생각하는 경우가 많다. 미국 예
외주의는 오리엔탈리즘과 짝을 이루는데, 오리엔탈리즘이 타자
에 대한 일방적인 인식이라면, 미국 예외주의는 스스로에 대한 일
방적인 인식이라 할 수 있다(Meghana and Malone 2009). 예를 들어,
레이건은 소련을 '악의 제국(an evil empire)'으로 정의 했으며, 조지
W. 부시는 2002년 연두 교서에서 '이라크, 이란, 북한'을 "악의
축(an axis of evil)"이라 규정했다. 물론 서구문명이 민주주의와 인권
을 발전시켜 인류에 기여한 바가 크고, 미국의 적대국들에서 비민
주적인 면과 인권탄압의 경우들을 찾아볼 수 있다. 그러나 오리엔
탈리즘에 따른 이분법적 시각과 선악 논리는, 현실의 복잡성을 단
순화하고, 실질적인 외교정책의 목표를 이루는데 걸림돌로 작용
할 수 있다.

인식과 오인

로버트 저비스는 국제정치에 심리학적 요인을 가미해, 국가의
외교정책 결정 과정에서 '인식과 오인(Perception and Misperception)'
이 중요하다고 강조했다(Jervis 1968; Jervis 1976; Jervis and Rapp-

Hooper 2018). 합리적 행위자 모델(Rational Actor Model)은 행위자가 객관적인 분석을 통해 비용을 최소화 하고, 효용은 최대화 하는 선택지를 택한다고 가정하나, 저비스를 이를 비판한다(Allison and Zelikow 1999). 실제 의사 결정 과정에서는 행위자가 가진 선입견이 작용해, 상대와 자신에 대한 객관적인 인식과 분석을 어렵게 하는 경우가 많다는 것이다. 이로 인해 잘못된 판단과 선택을 하게 되는 것이 전쟁과 갈등의 원인이 된다고 설명한다.

그는 역사적인 트라우마가 인식 과정에 심각하게 영향을 미치며, 확증편향, 선택편향 등의 편견이 작용한다고 보았다. 자신이 만든 프레임을 가지고 상대를 인식하고, 그에 맞는 정보를 선택적으로 받아들이며, 이를 통해 자신의 프레임을 다시 강화하는 행태가 반복된다. 예를 들어, 자국의 의도는 지극히 정당하다고 보는 반면, 상대방의 능력이나 적대적인 의도는 실제보다 과장하는 경향, 그리고 상대의 행위는 매우 중앙집권화 되어 있고 조직화 되어 있다고 보는 등의 심리적 프레임이 쉽게 관찰된다.

저비스의 개념을 적용할 수 있는 예는 국제정치사에서 쉽게 찾아볼 수 있다. 1962년 쿠바 미사일 위기의 경우, 소련이 쿠바에 핵미사일을 배치한다는 첩보를 받자 미국의 정책결정자들은, 소련의 행위를 매우 공격적인 행위로 보았고, 흐루시쵸프를 비롯한 소련의 정책결정자들이 매우 조직적인 판단을 통해, 2차 타격능력에 기초한 억제전략에서, 1차 타격을 통한 '선제 핵공격 전략'

으로 대미 전략을 수정한 것으로 판단했다. 그러나 사후에 드러난 정보에 따르면, 소련의 행위는 1959년 터키에 배치되어 소련을 위협하던 주피터 미사일과, 1961년 쿠바 전복을 기도한 피그만 침공에 대한 대응의 성격이 있었다. 즉, 미국의 또 다른 전복위협으로 부터 쿠바를 방어하며 미국에 뒤쳐진 핵 전력을 보완하고자 하는, 공세적인 전략보다는 수세적인 전략이었다. 흐루시초프의 결정도 조직적인 분석의 결과라기 보다는 핵을 배치해 보고 미국의 대응을 보자는 임기응변적 성격이 강했다. 그러나 미국의 의사결정자들은 소련의 의도는 극도로 호전적으로 본 반면, 주피터 미사일 배치와 피그만 침공 등, 미국의 행동이 소련을 위협할 수 있다는 사실은 의식하지 않는 경향을 보였다(Allison and Zelikow 1999).

베트남 전쟁의 경우, 미국은 유명한 '도미노이론'에 따라 북베트남은 모스크바와 베이징의 직접적인 지령에 따라 전세계의 공산화라는 하나의 목표를 위해 행동하고 있다고 보았다. 베트남의 공산화는 주변국의 공산화로 직결될 것이라는 우려로 베트남에 대한 개입을 정당화 했다. 그러나 호치민이 이끄는 북베트남은 공산주의 보다 민족주의 성격이 더 강했고, 공산혁명의 수출보다는 제국주의 세력을 축출하고 독립되고 통일된 주권 국가를 수립하는 것을 목표로 했다. 이에 따라 미국을 프랑스 식민주의 세력에 이은 또 다른 제국주의 행위자로 인식한 것이다. 베트남 전쟁 이후 통일 베트남은 자신을 지원해주던 공산주의 중국과 1979년 전쟁을 치렀고, 공산주의 극좌노선을 따르던 캄보디아의 폴 포트 정권과 전쟁을 해서 몰아내기도 했다. 도미노 이론은 과장되고 단순한 논리였던 것이다.

1979년 소련이 아프간에 개입하자, 미국의 카터 행정부는 이를 소련이 부동항을 확보하고 중동의 석유를 통제하기 위한 팽창 전략으로 인식해, 중동에서의 미국의 이익을 위협하는 것을 용납하지 않겠다는 카터 독트린(1980)을 발표했다. 그러나 사후 소련의 문서를 살펴보면, 소련 개입은 인접국인 아프간에서 자신의 영향력을 잃거나, 미국의 개입이 확대되는 것을 두려워서 시작된 수세적 성격이 강했다(Cordovez and Harrison 1995; Gibbs 1987; Gibbs 2000). 이러한 인식과 오인의 문제는, 미국이 북한을 객관적으로 인식하고, 실용적이고 현실적인 대안들을 선택하는 것을 방해하는 경향이 있다.

북한에 대한 미국의 선입견,
그리고 인식과 오판의 문제

정보의 부족과 편향성

미국의 대북정책에서는 오리엔탈리즘적인 요소, 그리고 인식과 오판의 문제를 쉽게 관찰 할 수 있다. 가장 큰 문제는 미국의 대중과 정책결정자들 사이에 북한에 대한 기본적이고 객관적인 정보가 부족하다는 것이다. 2017년 뉴욕타임즈의 설문조사에 따르면 성인 1,746명 중에 오직 36% 만이 아시아 지도에서 북한의 위치를 찾아낼 수 있었다. 또 하나 중요한 설문 결과는, 북한의 위치를 정확히 찾아낸 소수의 응답자들은 북핵문제에 있어 외교적이고 비군사적 전략을 선호하는 반면, 그렇지 못한 다수의 응답자들은 군사적인 수단을 더 지지했다는 것이다. 북한이 고립된 섬이나 사막이 아닌, 미국의 우방국인 남한, 일본, 그리고 중국 러시아 등과 인접해 있다는 아주 기초적인 지리적 정보가, 한반도의 전쟁은 동아시아 전체를 위험에 빠뜨릴 수 있다는 판단과 연결되어 있다. 그런데, 이러한 기본 정보를 모를 경우, 합리적인 정책 결정에 한계가 있다는 것이다(New York Times 2017a). 한국전쟁은 흔히 '잊혀진 전쟁(the Forgotten War)'이라 불릴 정도로, 미국의 대중에게 잘 알려지지 않았다. 예를 들어 한국 분단의 원인이 한국 전쟁이라고 인식하는 미국인들도 많다. 엄밀하게 말해 한국의 분단은 태평양 전쟁 이후 미국과 소련의 합의로 이뤄진 것이다. 따라서 한국 전쟁이 한국 '분단'의 결과였고, 전쟁은 이후 분단을 더 공고하게 만들었다. 또한 한국 전쟁 당시 중공군과 미군이 격돌했다는 것도 미국인들 안에 많이 알려지지 않은 사실이다. 당연히 북한과 중공군 측이 입은 피해가 얼마나 막대했고, 그것이 북한의 강력한 반미감정과 순망치한의 혈맹이라 불리는 북중관계를 형성했다는 것도 충분히 알려지지 않았다.

결국 오늘의 북한은 고통스러운 일본의 식민지배와, 태평양 전쟁, 분단과 한국전쟁, 냉전과 탈냉전이라는 긴 역사적 과정의 결과인 것인데, 이러한 역사적이고 종합적인 이해가 부족하다. 북한이 보이는 독재와 3대세습, 인권문제와 핵무기 개발을 합리화 할 수는 없다. 그러나 미국이 북한을 자국 중심적이며 오리엔탈리즘의 시각으로, 이해하기 어려운 비합리적이고 호전적이며 야만적인 반미 독재국가라고만 규정할 경우, 북한이 가진 피해의식과, 안보위협의식 등을 정확히 이해할 수 없고, 실질적인 핵문제의 해결이나 북미관계의 개선에 한계가 있는 것이다.

또 한가지 문제는, 현재 북한 상황에 대해서도, 정보가 매우 편향적이라는 것이다. 북한은 외교적인 고립과 내부의 통제로 정보접근이 어렵다. 그래서 주로 탈북자들이 정보의 소스가 되고 있는데, 이들이 북을 부정적으로 다루며 문제를 과장하는 경향이 있고, 외부에서 이를 부추기는 경향도 있다. 예를 들어 1994년에 탈북한 이○○은 수용소에서 기독교인들에게 쇳물을 부어 죽였다는 등, 정치범 강제수용소의 경험을 미국 상원에서 증언하고 책으로도 펴냈는데, 나중에 증언이 사실이 아니었고 정치범이 아닌 경제사범이었음이 드러난 바가 있다. 비슷한 경우로 탈북자인 신○○은 13세에 정치적인 이유로 악명높은 14번 정치범 수용소에 들어갔다고 유엔 등에서 증언하여 유명해졌으나 2012년 자신의 증언의 핵심 부분을 취소했는데, 알고 보니 20세에 경제 사범을 위한 18번 수용소에 들어갔고, 가족이 처형된 이유도 정치적인 이유가 아니었다. 결국 북한을 후진적이고 야만적이고 위협적인 타자로 규정하는 경향 하에서, 일부 탈북자들의 증언이 때로 편향되고 과장된 방식으로 소비되는 현상을 볼 수 있는데, 이는 북한에 대한 일방적인 인식을 다시 강화한다(Ku et al. 2017, 170-191).

미국 중심적 사고

　북한에 대한 선택적 정보와 편향성은 미국 중심적 사고에 기반한다. 북한은 일종의 무법자요, 미국은 스스로를 보안관으로 인식하기 때문에, 당연히 범죄자가 사회에 받아 들여지기 위해서는 먼저 자신의 죄를 인정하고 행동을 고쳐야 한다는 입장이 그것이다. 물론 현재 북이 보이는 독재, 인권문제, 핵개발 등은 비난 받아야 할 잘못이다. 그러나 동시에 북한은 과거 역사에서 오는 피해의식과 생존 욕구, 안보 위협을 경험하고 있다. 특히 케네스 월츠 등 현실주의 국제정치 학자들은 국가의 가장 기본적이고 우선적인 목표는 생존과 안보라고 설명한다(Waltz 1979). 오늘 북한의 모습은 매우 특수한 역사와 극단적인 환경 속에 형성된 것이고, 고립과 대립의 국제 환경에서 생존과 안보를 추구하고 있다.

　북미관계를 선악의 문제로만 보는 미국 중심적 사고는 오늘의 북한을 만들어 낸 많은 정보들이 제외되어 있다. 북한은 한국 전쟁 시 약 20%의 인구가 사망했고, 주요 도시의 50%와 사회 인프라의 80%가 파괴되는 등, 처참한 고통을 경험했다. 한국전쟁은 정전협상으로 마무리 되고 '종전선언'이 이뤄지지 않아서, 한반도는 70여년간 준 전시 상태가 유지되었다. 북한은 70여년 간 세계 최강대국인 미국과 대치해 왔고, 1953년 정전 직후인 1958년부터 냉전이 붕괴된 1991년까지, 약 30여년간 미국은 최대 950기의 전술 핵을 남한에 배치한 바 있다. 1990년대 탈냉전이 진행되며, 남한은 급속한 경제성장과 외교의 확장을 경험해, 소련과 중국 등 동구권 국가들과 외교관계를 수립했다. 반면 북한은 국제사회에서 동맹국과 경제협력의 파트너들을 잃고 외교적, 군사적, 경제적으로 고립되었으며, 미국과 일본 등과 관계를 개선하는데도 실패했다. 당시 북이 미국과 수교하기를 간청했을 때, 미국은 북이 다른 사회주의 국가들처럼 붕괴할 것이라 예상해 협상을 중단했고, 이후 북은 본격적으로 핵무기 개발로 달려나간다(Ku et al. 2017, 151-169).

이렇게 북핵문제는 복잡한 성격을 갖고 있는데, 북한이 느끼는 안보 위협과 생존 욕구를 도외시하고, 윤리적인 잣대, 선악의 관점으로만 바라보는 경향이 있다. 일방적으로 북한을 범죄자로, 미국은 경찰로 설정하고, 북의 행동만을 바꾸라는 접근은 현실성이 떨어지며, 북미간에 존재하는 안보딜레마를 강화할 수 있다. 결국 북의 비핵화와 더불어, 한반도의 전쟁상태와 북미 대립, 북의 고립을 함께 풀어나가야, 협상에 성공 가능성이 있다는 것이다.

붕괴론에 대한 과신

많은 미국의 학자들과 정책결정자들은 북한에 대한 제한적이고 선택적인 정보와 미국 중심적인 사고에 따라, 북한 체제는 정당성이 없으며 따라서 외부의 압박과 충격이 오면, 과거 동구권 사회주의 국가들처럼 쉽게 붕괴할 수 있다고 오판하고, 수차례 북의 붕괴론을 언급해 왔다. 예를 들어보자. 북한 전문가 니콜라스 에버스타트는 월스트리트 저널에 "다가오는 북한의 붕괴(The Coming Collapse of North Korea)"라는 기사를 썼고(Eberstadt 1990), 1999년에는 "북한의 종말(The End of North Korea)"이라는 책을 출간했다(Eberstadt 1999). 1997년 주한미군 사령관 개리 럭 장군은 "북한은 매우 빠르게 해체될 것(North Korea will disintegrate, possibly in very short order)"이라고 언급했고, 조지 부시 정부에서 국방부 부장관으로 활동한 폴 월포위츠는 2003년 한국 방문 시, "북한은 붕괴 위기로 동요하고 있다(North Korea is teetering on the brink of collapse)"고 주장했다(Cumings 2013, 115). 2008년 존 볼튼과 에버스타트는 월스트리트 저널에, "세계는 북한의 붕괴를 두려워 해서는 안된다(The World Shouldn't Fear the Collapse of North Korea)"는 글을 기고했다(The Wall Street Journal 2008). 2011년 북한 전문가 빅터 차는, "이 노쇠한 정권이 스스로의 무게로 붕괴한다면, 분석가들은 매우 다양한 요인들을 찾아낼 수 있을 것인데, 김정일의 죽음은 북한 붕괴의 시발점이 될 수 있다(If this decrepit regime were to finally collapse under its own weight, there are a host of factors analysts would be able to point to […]which could make the Dear Leader's death the straw that broke the camel's back.)"고 언급했고, 안드레이 란코프는 2013년 "(북한

은) 조만간 급작스럽고 격렬한 위기로 치달을 가능성이 높다"고 주장했다(Cha 2011; Lankov 2013). 안보전문가 브루스 베넷은 2013년 "북한의 전체주의는 멀지 않은 미래에 종말을 맞을 것이다(There is a reasonable probability that North Korean totalitarianism will end in the foreseeable future)"라고 주장했다(Bennett 2013).

이러한 주장들은 학문적으로나 정책적으로나 엄밀하지 못할 뿐 아니라, 무책임하다고도 볼 수 있다. 북한 사회에 대한 외부 세계의 윤리적 판단과는 별도로, 북한 정권은 식민지 시대 김일성의 활동, 한국전쟁의 고통스러운 경험, 반미주의와 주체사상, 민족주의, 외부의 안보위협, 핵무기 개발 등, 다양한 차원에서 북한 주민들에게 나름의 내부적 정당성을 확보하고 있다. 물론 독재국가로서 북한의 통제체제와 외부 정보의 제한도 북한 체제를 유지하는데 큰 역할을 하고 있다. 이런 점들로 인해, 1990년대의 고난의 행군이나 계속되는 경제제재에도 북은 붕괴하지 않았다.

더 큰 문제는, 미국과 남한의 북한붕괴론은 북미 협상의 주요 시기 마다 미국과 남한이 북한과의 협상에 반대하거나 소극적이 되도록 만들었다는 점이다. 북한을 협상의 상대로 인정하기 보다 정통성이 없고 곧 붕괴할 수 있는 나라로 무시해서, 협상에 회의적이 거나 소극적인 태도를 갖게 했고, 합의를 하더라도 구체적으로 이행하는 것을 주저하게 만들어, 협상의 걸림돌이 되었다.

H.W. 부시 정부 시기인 90년대 초에 냉전 종식 되자, 고립되

어 버린 북은, 미국과의 협상에 적극적으로 매달렸었다. 1991년 12월 31일 남북한은 한반도 비핵화 공동선언을 채택했고, 북미 협상이 진행되었는데, 당시 북한은 미국과의 대화와 관계정상화를 요구하며 김용순을 통해 '주한미군철수' 요구를 철회할 수 있다는 카드까지 제시했다. 그러나 미국은 협상에 소극적이었다. 부시 정부 내에 대북 정책에 대한 합의도 없었고, 북에 관계 정상화를 비롯한 어떤 유인도 제시하지 않았다. 1992년 10월 한미 양국의 국방장관들은 팀 스피릿 재개 방침을 발표해 북미 협상의 기회를 닫아 버렸다(Wit, Poneman and Gallucci 2004, 12). 여기에는 선악의 문제로만 북한문제를 인식해서, 압제 국가인 북한은 곧 붕괴할 것이라 믿은 미국내 강경파들의 생각이 작용했다. 결국 윤리적 접근과 북한 붕괴론으로 인해, 1993년 제1차 북핵위기를 막을 수 있었던 기회를 놓쳐버린 것이다.

제1차 북한 핵 위기에서 1994년 7월 김일성 주석이 사망한 뒤에 빌 클린턴 정부는 그 해 10월 북한 경수로 건설 등 획기적인 내용의 제네바합의에 이르렀다. 그러나 경수로 건설은 이행되지 않았다. 합의에 참여한 빌 클린턴 행정부의 관료들 조차, 경수로 완공 이전에 북한이 붕괴할 것으로 판단했다는 증언이 있다(Washington Post 2005; New York Times 2017b). 제네바 합의 이후 공화당이 중간선거에 승리하면서 합의의 많은 부분은 이행되지 않았다.

북한에 대한 고립과 대결정책을 취한 남한의 보수 정부들의 대북정책에도 모두 북한 붕괴론이 강하게 자리했었다. 김영삼은 제네바 합의를 추진하던 클린턴 정부에게 협상을 지연하고 시간을 벌 것을 여러차례 요구했는데, 북이 곧 붕괴할 것이라 믿었기 때문이다. 이명박 정부가 2010년에 통일세를 제안하고 2011년에 "통일은 도둑같이 올 것"이라 언급한 것도 갑작스러운 붕괴를 전제하고 있었음을 보여준다(Cole 2010). 위키리크스가 공개한 2009년 7월 24일자 주한 미국 대사관의 외교전문에 따르면 이명박 정부의 통일부 장관인 현인택은 미국 국무부 차관보 커트 캠벨을 만나 "김정일은 2015년을 넘기지 못할 것"이기에 '전략적 인내'와 압박정책으로 북의 갑작스런 붕괴에 대비해야 한다고 제안했다(Lee 2010). 박근혜는 2014년 "통일은 대박이다"라고 언급했고 2015년에는 한 비공개 회의에서 통일은 당장 내일이라도 찾아 올 수 있다고 발언했는데, 북의 붕괴와 남한에 의한 북의 흡수를 전제하고 있음을 보여준다(Korea Joongang Daily 2015; Hankyoreh 2015).

압박 정책의 효과에 대한 과신

많은 이들이 예측한 북한 붕괴가 수십년간 실현되지 않아도 미국 보수파의 접근은 크게 달라지지 않았다. 북한을 윤리적인 관점으로만 바라보고 정당성이 없다고 판단하여 붕괴론을 과신한 결과는, 당장은 붕괴하지 않아도, 북한을 조금만 더 고립시키고, 압박하면 그 체제는 결국 견디지 못하고 붕괴할 것이라는 논리로 이어졌다. 이 결과 경제제재나 군사적 압박 등 '채찍' 위주의 수단에 과도하게 의존하게 되었다. 조지 부시정부의 '악의적 무시(Malign neglect)'나 제네바 합의를 붕괴시킨 것, 오바마 정부의 '전략적 인내(Strategic patience),' 그리고 트럼프 대통령의 '막대한 제재'(Crippling Sanctions)와 '화염과 분노'(Fire and Fury)' 같은 압박 정책도 이러한 사고와 연결되어 있다. 그러나 그러한 압박과 대결의 시간 속에, 북한은 핵능력을 급속도로 키웠고, 중국에 대한 의존을 확대 했다. 북핵문제 해결에 전혀 도움이 되지 않은 것이다.

하노이 회담의 실패도 미국 중심적 사고로 인한 실패의 한 예라 할 수 있다. 2018년 북한이 미국과의 정상회담에 나서자, 트럼프 대통령은 '막대한 제재'와 '화염과 분노' 같은 압박 정책이 북을 협상 테이블로 끌고 왔다고 자평했다. 북이 민간 경제에 가장 영향이 큰 5개의 경제제재 해제와 영변의 비핵화를 교환하자고 하자, 트럼프는 역시 경제제재가 효과를 발휘하고 있으며 북이 제재 해결을 우선시 하고 있다고 판단해, 협상을 깨고 회담장을 나왔다. 제재를 좀 더 유지하면 북이 결국 미국의 CVID 요구에 굴복할 것으로 판단한 것이다. 이는 로버트 저비스가 말한 인식과 오인의 전형적인 예라고 할 수 있다. 자신이 가진 프레임으로 상대를 보고, 선택적인 정보로 기존의 프레임을 확증하는 것이다.

그러나 현실은 전혀 달랐다. 북은 트럼프 정부의 경제제재와 군사적 위협이 최고조에 달했던 2016년과 2017년에 두 차례의 핵실험과 여러 차례의 미사일 시험발사를 거쳐 '핵무력 완성'을 선언하고, 협상의 지렛대로서의 핵능력에 대한 자신감을 갖고 자신의 시간표에 따라 협상장에 나왔다는 분석이 더 정확하다. 하노이 협상이 결렬된 저녁, 북의 입장 발표에 따르면, 북은 경제제재 해소가 미국이 들어주기 '쉬운' 조치라 생각해서 그걸 요구한 것으로, 하노이에서 스몰딜(small deal)을 이루고 협상을 이어가는 것이 목적이었지, 경제제재 해소가 최우선 과제라 요구한 것이 아니었다. 이후 북은 미국을 향해 한번도 경제 제재 해제를 요구한 적이 없다. 결국 트럼프 정부는 지극히 자기 중심적인 판단에 따라, 북에 대한 경제제재의 효과를 과대평가 한 것이다(Lee 2022).

남한의 보수 정권도 마찬가지 였다. 2010년 천안함 폭침 사건 이후 이명박 정부는 개성공단을 제외한 대북 경제협력을 전면 중단했다. 후임 박근혜 정부는 개성공단 마저 폐쇄 시켰다. 이러한 조치는 북한의 행동을 변화시키기 보다는 최소한의 남북 대화 채널도 막히게 했고, 북에 대한 남한의 영향력, 북미협상에서 중재자로서의 영향력만 사라지게 만들었다. 북한에 대한 압박이 유지 또는 강화되던 기간에 북한의 중국에 대한 무역의존도는 비약적으로 높아졌다. 2020년 이후 코로나 바이러스가 창궐하자 북한은 아예 스스로 문을 닫았으나, 그럼에도 불구하고 붕괴하지 않았다. 더구나 북한은 2018년 부터 러시아 중국 등과 관계를 개선하고 있다. 북한은 한국 전쟁 직후부터, 미국의 제재 속에서 생존해

왔고 냉전 종식 이후에는 더 강력한 고립과 제재 속에서도 생존해 왔다. 제재 만으로 북한을 굴복시킬 수 있다는 생각은 미국의 일방적이고 희망적인 사고(Wishful thinking)였을 뿐, 현실화 되지 못했다.

일방주의적 접근

마지막으로 북미 협상의 걸림돌이 된 것은 일방주의적 접근이다. 미국은 북한 붕괴론에 따라 압박수단을 선호하고, 북한과의 협상을 꺼려했다. 마지 못해 북한과 협상을 하더라도 당근과 채찍 양쪽을 제시하기 보다는, 북한의 선제적이고 일방적인 양보와 행동을 요구하는 경향을 보였다. 그러나 현실주의적 관점에서 볼 때, 안보 딜레마는 항상 '상호적'이다. 미국이 북에서 위협 인식을 느끼듯 북도 미국에 위협의식을 느끼고 있고, 특히 세계 최강대국과 맞서는 힘의 차이로 인해 북의 위협인식은 더 강렬하다. 미국은 스스로가 민주주의 국가이기에 상대를 위협할 생각이 없고, 북한이 미국의 위협에 대비하기 위해 핵무기를 보유할 이유가 없다고 주장하지만, 북한은 미국과의 전면전을 겪었고 냉전내내 대결구도를 유지해 왔다. 또한 미국의 말만 믿고 대량살상무기를 포기하고 관계개선을 했다가 비참한 종말을 맞은 리비아의 카다피 정권의 예와, 실제로 대량살상무기가 없었으나 의혹만으로 침공을 받아 붕괴된 이라크의 후세인 정권의 예를 잘 알고 있다. 따라서 미국이 북에게 일방적이고 선제적 변화를 요구하는 방식으로 비핵화를 실현할 가능성은 거의 없다. 이러한 요구는 북미간에 존재하는 불신과 안보 딜레마를 더 악화시킨다.

이러한 미국의 접근을 대표하는 것이 바로 '핵무기의 완전하고, 검증 가능하며 불가역적인 폐기 혹은 비핵화'를 의미하는 'CVID(Complete, verifiable, and irreversible dismantlement or denuclearization)'라는 개념이다. CVID는 조지 부시 정부에서 도입된 개념으로, 단계적이고 상호적인 합의를 전제한 빌 클린턴 정부의 접근과 차별화 되는, 북이 '선제적으로' 비핵화를 완료해야 미국은 그에 대한 상응 조치를 '고려'해 보겠다는 입장이다. 문제는 어떤 상태가 완전하고 불가역적인 비핵화인지, 비핵화를 어떻게 검증할 것인지 등에 대한 구체적인 로드맵이 없다는 것이다. 또한 이는 비핵화의 최종적 목표를 협상의 선제 조건으로 요구하는 최대주의적(maximalist) 접근으로, 리비아와 이라크의 예를 잘 알고 있고, 미국을 불신하고 위협적으로 보는 북이 이 요구를 수용해 선제적으로 비무장을 할 가능성은 거의 없다. 그래서 CVID 요구는 북과 협상을 하자는 것인지, 아니면 협상을 막자는 것인가 하는 논란을 일으키기도 했다.

2차 북핵위기가 발발하고 제네바 합의가 붕괴된 후, 미국은 북핵 문제를 풀 방법이 없었고, 결국 중국과 한국 정부의 중재로 6자회담을 시작하게 된다. 그리고 2005년 9.19 합의와 2007

년 2.13 합의와 10.3 합의가 도출 된 것은, 부시 정부가 기존의 CVID에 기반한 선비핵화 요구를 내려놓고, '말대말, 행동대 행동'의 점진적이고 상호적인 원칙을 받아들였기 때문이다. 이렇게 부시 정부의 접근이 달라지게 된 것에는 미국 내 국내정치 변화가 작용했다. 이라크 전쟁 관련 논란이 심화되고, 2006년 11월 중간선거에서 공화당이 대패하고, 럼스펠드나 폴 월포위츠 같은 네오콘 인사들 일부가 물러나게 되었다. 그리고 콘돌리자 라이스와 크리스토퍼 힐 등이 대북 협상을 주도했고, 중국정부와 한국의 노무현 정부가 협상을 적극적으로 중재했기에 가능한 변화였다. 그러나 북이 냉각탑 폭파를 중계하고 핵무기 관련 정보를 제출하는 등 6자회담의 합의가 진척되는 시점에, 부시 정부는 다시 무제한적인 사찰을 요구하였고 새로 등장한 남한의 이명박 정부와 함께 다시 CVID를 요구하였다. 그리고 6자회담은 결렬된다(Arms Control Association 2017).

트럼프 대통령은 기존의 외교적 관행을 뛰어 넘는 전격적인 북미 정상회담을 2018년 6월 싱가포르와 2019년 2월 하노이에서 개최해 기대를 모았으나, 결국은 CVID의 틀에서 벗어나지 못했다. 싱가포르에서는 새로운 관계 수립과 평화체제를 먼저 언급한 후, '완전한 비핵화'를 언급하는 등 상호적인 접근을 보였으나, 하노이에서는 민간 경제제재에 치명적인 5개의 제재 해제와 영변 핵시설의 영구 폐기를 교환하는 북한의 스몰 딜 제안을 거절하고,

국가안보보좌관 존 볼튼을 통해 북이 거부해 온 리비아 모델에 기초한 선비핵화를 요구하여 협상은 결렬된다. 국무장관 폼페오도 CVID와 유사한 'FFVD(Final, fully verifiable denuclearization) 원칙'을 고수했다. 일부 핵과학자들은 영변이 북한 핵능력의 90%까지를 차지하는 '심장'이라고 보고 있다(Hecker 2010). 그렇다면 하노이에서 완전한 비핵화를 요구하기 보다는 스냅백 방식으로 제재를 일부 해제하고 영변 핵 시설의 폐기를 추진 한 후, 그 다음 단계를 진척시킨 것이 현실적이었을 수 있다(Samore 2019). 스탠포드 대학 핵물리학자 지크프리드 해커 박사는 북한 비핵화가 당장 시작된다고 해도 완전한 비핵화까지는 최소한 10년에서 15년이 걸린다고 말했다(Gabel 2018; Broad and Sanger 2018). CVID나 FFVD를 선제 조건으로 내세우고, 그것이 충족되지 않으면 미국은 상응 조치를 취할 수 없다는 것은, '전부 아니면 전무(All or Nothing)'라는 완벽주의적이고 일방주의적 접근으로, 이렇게 해서는 북핵문제를 해결하기 불가능하다. 현재 북한이 실질적인 핵보유국이라는 것을 감안하고, 완전한 비핵화가 당장 어렵다면, 1) 비확산, 2) 핵무기, 탄도미사일 실험 중지, 3) 핵 물질 생산 중단, 4) 단계적인 핵 감축, 핵시설 폐기 5) 궁극적인 한반도 비핵화 순으로, 가능한 부분부터 점진적인 접근도 검토해 볼 수 있다. 미국이 이러한 부분적인 협상에 나선다고 완전한 비핵화를 포기했다고 볼 수 없다. 현실적이고 실용적인 관점에서 볼 때, 북한의 지속적인 핵 능력 강화보다는 완전하지 않더라도 핵실험 중단, 핵물질 생산 중단, 핵 군축이 낫다.

전쟁은 한반도에서 일순간에 수백만 명의 생명을 앗아갈 수 있다. 여기에는 2만에서 3만 명에 달하는 미군도 포함된다. 한반도의 지정학적 상황상, 동아시아 전체가 충돌하는 갈등으로 확대될 수도 있다. 북한은 핵탄두를 장착한 대륙간 탄도미사일로 미국 본토를 공격할 수 있다고 주장하고 있다. 한반도에서의 전쟁은 상상할 수 없는 대가를 치러야 할 것이다. 북한을 무시하고 고립시키는 정책은 북의 핵개발을 막지 못했고, 북은 지속적으로 핵 능력을 강화해 왔다. 남한과 미국의 안보를 생각했을 때 북한 핵 문제를 방치하는 것은 무책임한 일이다.

나가며

이제까지 에드워드 사이드의 오리엔탈리즘과 로버트 저비스의 인식과 오판의 개념을 이용, 미국의 대북정책에서 나타나는 인식의 문제들을 살펴보았다. 미국의 대중과 정책결정자들 사이에 북한에 대한 기본적이고 객관적인 정보가 심각하게 부족하고, 미국 중심의 사고로 인한 선택적이고 편향적인 정보의 문제가 있다. 이로 인해 미국의 상당수 학자들과 정책결정자들은 북한에 정당성이 없고 곧 붕괴할 수 있다는 주장을 되풀이 해 왔으며, 이는 북과 대화하고 협상하는데 걸림돌이 되었다. 북한 붕괴론은 경제제재나 군사적 압박 등 채찍 위주의 수단에 과도하게 의존하게 했고, 북의 선제적이고 일방적인 양보와 행동을 요구하는 접근이 선호

되었다. 결국 이러한 접근은 북미 사이에 존재하는 불신과 안보딜레마를 강화했으며, 이 과정에서 북은 핵능력을 급속도로 발전시켰고, 중국에 대한 의존도 심화되었다. 결국 북한 비핵화와 북미 관계 개선이라는 목표를 이루기 위해서는 북에 대한 미국의 스스로의 인식을 성찰할 필요가 있다. 미국이 보고 싶은 북한이 아닌, 있는 모습 그대로의 북한을 인식하며, 북이 사실상 핵보유국화 된 한반도의 현실을 인정해야 한다. 미국 중심적이고 윤리적이며 일방적인 사고를 넘어, 현실적이고 실용적인 접근을 취하면서 불신과 상호위협이라는 북미간의 근본적인 문제를 해결하는 방식으로 핵문제에 접근할 필요가 있다.

본 고는 북한에 대한 미국의 인식의 문제에 집중했으나, 그것이 북미간의 유일하고 절대적인 문제라고 주장하는 것은 아니다. 도입부에서 언급했듯이, 북한 핵문제에는 북한과 미국간에 존재하는 불신, 그리고 누가 어떤 행동을 어떤 순서로 할 것이냐의 문제, 그리고 관련국들의 국내정치 상황 변화에 따른 정책의 비일관성 등 여러가지 요인들이 복합적으로 작용하고 있다. 본 고에서 다루지 못했지만, 미국을 보는 북한의 인식에도 당연히 많은 문제가 존재하고 있다. 또한 북에 대한 미국의 인식의 문제가 단순한 편견과 오판의 문제 이상일 가능성도 존재한다. 예를 들어, 선택적이고 편향적인 정보, 북한 붕괴론과 채찍 위주의 대북정책과 선비핵화 요구 등이 미국의 이익에 대한 어떠한 계산과 의도적인 선택일 가능성도 배제할 수 없다. 예를 들어, 북한을 보는 미국의 시각과 정보의 편향성, 그리고 특정한 접근방식은 대중 봉쇄정책을 강화하고, 신냉전을 가정한 상태에서 한미일 공조를 강화하는 등의 정책적 목표를 이루기 위한 수단일 수도 있다. 이는 본 고의 범위를 넘어서지만, 여기서 검토한 내용이 그러한 가능성을 부정하는 것은 아니다. 본 고에서 제기한 분석에 한계가 존재하지만, 북한에 대한 미국의 인식을 비판적으로 성찰하는 것은 의미가 있고, 이를 통해 미국이 보다 현실적이고 실용적인 접근을 취한다면, 북한의 비핵화와 북미관계 개선에 도움이 되리라 생각한다.

참고문헌

Allison, Graham and Zelikow, Philip. 1999. *Essence of Decision: Explaining the Cuban Missile Crisis*. 2ed. Longman.

Arms Control Association. 2017. "Chronology of U.S.−North Korean Nuclear and Missile Diplomacy." *Arms Control Association*, April. 2017. http://www.armscontrol.org/factsheets/dprkchron.

Bennett, Bruce W. 2013. *Preparing for the Possibility of a North Korean Collapse*. Santa Monica, CA: RAND Corporation, 2013. https://www.rand.org/pubs/research_reports/RR331.html.

Bolton, John. and Nicholas Eberstadt. 2008. "The World Shouldn't Fear the Collapse of North Korea." *The Wall Street Journal*, October 2, 2008.

Broad, William J. and David E. Sanger. 2018. "North Korea Nuclear Disarmament Could Take 15 Years, Expert Warns." *The New York Times*, May 28, 2018. https://www.nytimes.com/2018/05/28/us/politics/north−korea−nuclear−disarmament−could−take−15−years−expert−warns.html

Cha, Victor. 2011. "Kim's death is watershed moment for N Korea." *Financial Times*, DEC 19, 2011. https://www.ft.com/content/d21bbc9a−2a0d−11e1−8f04−00144feabdc0

Cole, Brett. 2010. "South Korea President Calls for Reunification Tax." *Reuters*, August 14.

Cordovez, Diego, and Selig S. Harrison. 1995. *Out of Afghanistan: The Inside Story of the Soviet Withdrawal*. Oxford: Oxford University Press, pp. 102−103.

Cumings, Bruce. 2013. Why Did So Many Influential Americans Think

North Korea Would Collapse? *North Korean Review*, Vol. 9, No. 1 (SPRING 2013), pp. 114–120

Eberstadt, Nicholas. 1990. "The Coming Collapse of North Korea." *The Wall Street Journal*, June 26, 1990.

Eberstadt, Nicholas. 1999. *The End of North Korea*. AEI press.

Gabel, Katy. 2018. "Stanford researchers release risk–management roadmap to denuclearization in North Korea." Standford News, May 30, 2019. https://news.stanford.edu/2018/05/30/stanford–researchers–release–roadmap–denuclearization/

Gibbs, David. 1987. 'Does the USSR Have a 'Grand Strategy'?: Reinterpreting the Invasion of Afghanistan.' *Journal of Peace Research*. Vol. 24, no. 4. pp. 365–379.

Gibbs, David. 2000, 'Afghanistan: The Soviet Invasion in Retrospect.' *International Politics*. Vol. 37, no. 2. pp. 233–245.

Jervis, Robert. 1968. "Hypotheses on Misperception." *World Politics*, vol. 20, No. 3. (APR 1968), pp. 454–479.

Jervis, Robert. 1976. *Perception and Misperception in International Politics*, Princeton University Press.

Jervis, Robert, and Mira Rapp–Hooper. 2018. "Perception and Misperception on the Korean Peninsula: How Unwanted Wars Begin." *Foreign Affairs*, vol. 97, no. 3 (May/June 2018), pp. 103–117

Kipling, Rudyard. 1929. "The White Man's Burden: The United States & The Philippine Islands, 1899." *Rudyard Kipling's Verse: Definitive Edition*. Garden City, New York: Doubleday

Korea Joongang Daily. 2015. "Opening path to unification." *Korea Joongang*

Daily, September 24, 2015. http://mengnews.joins.com/view. aspx?aId=3009597.

Ku, Yangmo, Lee, Inyeop and Jongseok Woo. 2017. *Politics in North and South Korea: Political development, economy, and foreign relations.* Routledge.

Lankov, Andrei. 2013. "Here's what should be done when North Korea goes south." The Japan Times, APR 13, 2013. https://www.japantimes.co.jp/ opinion/2013/04/13/commentary/world—commentary/heres—what— should—be—done—when—north—korea—goes—south/

Lee, Inyeop. 2022. "Rethinking Economic Sanctions on North Korea: Why Crippling Economic Sanctions Will Not Make North Korea Denuclearize." *Korea Observer*, vol. 53, No. 1. (Spring 2022), pp. 47— 73.

Lee, Woo—young. 2010. "U.S. secret documents on N.K. and Kim Jong—il revealed," *The Korea Herald*, November 30, 2010. Http://www. koreaherald.com/common/newsprint.php?ud=20101130000693.

Nayak, Meghana V. and Christopher Malone. 2009. "American Orientalism and American Exceptionalism: A Critical Rethinking of US Hegemony." *International Studies Review*, Vol. 11, No. 2 (JUN 2009), pp. 253—276

New York Times. 2017a. "If Americans Can Find North Korea on a Map, They're More Likely to Prefer Diplomacy." *New York Times*, July 5, 2017. https://nyti.ms/3YDL1P7.

New York Times. 2017b. "History lesson: Why did Bill Clinton's North Korea deal fail?" *New York Times*, August 9, 2017. https://www. washingtonpost.com/news/fact—checker/wp/2017/08/09/history—lesson— why—did—bill—clintons—north—korea—deal—fail

Samore, Gary. 2019. "How Significant is the Dismantlement of Yongbyon?" 38 North, March 11, 2019. https://www.38north.org/2019/03/gsamore031119

Said, Edward W. 1979. *Orientalism*. Vintage.

The Hankyoreh. 2015. "Pres. Park reportedly says reunification could come tomorrow." The Hankyoreh, August 18, 2015. http://english.hani.co.kr/arti/english_edition/e_northkorea/704897.html.

Waltz, Kenneth. 1979. *Theory of International Politics*. Reading, MA: Addison-Wesley.

Washington Post. 2005. "South Korea Offers To Supply Energy if North Gives Up Arms." *Washington Post*, July 13, 2005. https://www.washingtonpost.com/wp-dyn/content/article/2005/07/12/AR2005071200220.html.

4장

타자철학과 한반도 평화: 레비나스, 데리다, 들뢰즈의 철학을 중심으로

안태형(한반도미래전략연구원 수석연구위원)

들어가며

왜 우리가 한반도의 화해와 평화를 이야기할 때 철학을, 그 중에서도 우리에게 아직 낯선 '타자철학'을 주목해야 하는가? 도대체 '타자철학'과 한반도의 평화는 어떠한 관계가 있는가? 이 질문에 대한 대답이 이 글의 중심 주제이며, 다른 한 편 이 글은 이 질문에 대한 대답을 찾아가는 과정이라고 할 수 있다.

특히 이 글을 작성하고 컨퍼런스에서 발표했던 작년은 한국전쟁 정전협정 70년이 되는 해였다. 정전협정이 체결되었던 1953년에는 정전상황이 이렇게까지 오래가리라고는 그 누구도 상상하지 못했다. 모두들 머지 않아 남북 사이에 평화협정이 체결되고 다시 한반도가 통일되리라 기대했다. 그러나 정전협정 70년이 더 지난 지금도 한반도에서는 아직 종전선언이나 평화협정조차 체결되지 못한 상황이 지속되고 있다. 오히려 남북간의 군사적 긴장과 갈등, 대결은 더욱 심화되어 남한은 세계 5위 수준의 군사력을 보유하게 되었고 북한은 세계 아홉번 째 실질적 핵보유국이 되었다.

뿐만 아니라 최근에는 북한의 강대강 정책과 남한의 힘에 의한 평화정책의 대결구도로 인해 한반도를 둘러싼 정치군사적 위기가 오히려 심화되어 한반도평화 프로세스가 중단을 넘어 한참 뒤로 후퇴했다. 그러나 동북아에서 한미일 대 북중러의 신냉전체제 형성과 더불어 한반도의 위기가 심화되는 이러한 무기력한 상황은 아이러니하게도 한반도의 화해와 평화, 통일을 염원하는 이들에게는 이 문제에 대해 긴 호흡으로 성찰할 수 있는 기회를 제공해 준다. 이러한 철학적 성찰이 한반도 평화를 위한 노력의 후퇴를 의미하는 것은 아니며 오히려 담론적 실천으로 나아갈 수 있는 계기와 그러한 담론적 실천을 위한 진지한 모색의 기회를 마련해 준다.

이 글은 이러한 기회를 이용해 한반도의 화해와 평화, 통일에 대한 철학적 기초를 근본적으로 성찰해 보고자 한다. 데카르트로부터 시작된 서양근대철학에서는 주체로서의 자아가 존재론과 정치사상, 윤리학의 근간이자 핵심이었다. 그러나 서양현대철학은 주체와 객체, 자아와 타자의 이분법을 거부하고 타자를 자아 개념 안에 흡수하려는 노력을 기울이고 있다. 소위 '타자철학'이라고 불리는 이러한 노력은 서양현대철학 이전에도 없었던 것은 아니지만 20세기 중반 이후 중요한 철학적 주제로서 본격적으로 탐구되고 있다.

한편, 국제정치이론에서도 국가의 행위방식을 현실주의적, 물질주의적, 구조주의적 관점에서 접근했던 방법론을 탈피해서 역사적 맥락, 사회문화적 맥락, 사회구성주의적 관점 등으로 해석하고자 하는 노력이 이미 오래 전부터 진행되고 있다. 또한 구성주의적 관점에서 한반도 평화체제 구축문제를 접근하거나(김학성, 180-1), 한반도 안보 패러다임의 변화를 위해 안보와 평화 문제의 존재론적, 인식론적 전제, 즉 철학적 토대를 근본적으로 검토하는 연구들도 최근들어 진행되고 있다(김원식, 55).

이 글은 이러한 타자철학의 문제의식을 바탕으로 한반도의 화해와 평화를 위한 해법을 찾는 정치철학적 논의에 기여하고자 작성되었다. 그러나 짧은 지면에 이 주제를 포괄적으로 다룬다는 것은 불가능하기 때문에 우선 이 글은 타자 문제를 자신의 철학적 탐구주제로 수용했던 레비나스, 데리다, 들뢰즈 등의 철학에 초점을 맞춰 논의를 진행한다. 이 글은 동양철학에서 제기되는 타자의 문제는 다루지 않는데 이는 철저히 필자의 능력 부족에 기인한다.

마지막으로 이 글은 타자철학의 새로운 정치이론적 정초를 목표로 하지 않는다는 점을 밝혀둔다. 단지 이 글은 이후 구성주의 국제정치이론과 한반도 화해와 평화라는 주제에 대한 더욱 포괄적이고 구체적인 논의를 위한 시론의 성격을 지니며, 타자철학에 대해 정치철학 전공자나 국제정치 전문가뿐만 아니라 일반 독자들도 이해할 수 있도록 될 수 있으면 쉽게 서술하는 것을 목표로 한다. 이 글은 크게 다섯 부분으로 구성된다. 즉, 타자철학에 대한 간단한 소개, 대표적인 타자철학자인 레비나스, 데리다, 들뢰즈를 중심으로 한 타자철학에 대한 구체적 논의, 타자철학과 한반도 화해와 평화의 관계가 그것이다. 타자철학에 대한 논의과정에서 서동욱의 [타자철학: 현대사상과 함께 타자를 생각하기]를 많이 참조했음을 미리 밝혀둔다.

타자철학이란 무엇인가?

　　현재 우리는 20세기 말 급격히 진행되었던 세계화와 교통/통신의 발달로 인해 이전 사회보다 낯선 이들과 낯선 문화에 대한 대면과 접촉이 훨씬 증가한 사회에 살고 있다. 또한 20세기 말 자유주의의 승리로 인해 자본과 노동의 세계화에 따른 불가피한 이주노동자나 난민이 증가하고 이와 더불어 인종과 문화의 이동도 증가했다(김남국, 22). 이로 인해 타자와의 만남은 상시적이며 전면적이 되었고 이제 우리는 나의 의지와 관계없이 도래하는 타자를 어떻게 대할 것인가, 또는 타자를 어떻게 이해할 것인가에 대한 문제에 직접적으로 직면하게 되었다.

　　타자에 대한 사유는 '이타성(alterity)'에 대한 사유라고 할 수 있다. 즉, "타자가 세계 안에서 다른 특정한 기능이나 수단으로 출현하는 것이 아니라, 오로지 그의 타자성 속에서만 출현하는 것이 어떻게 가능한지"(서동욱, 23)를 묻는 사유가 타자에 대한 철학적 사유라고 할 수 있는데 이는 주체중심주의적 사고로 타자를 대상화했던 서양근대철학과 주체중심주의적 사고로부터 벗어나고자 노력하는 서양현대철학의 문제의식이 극명하게 갈리는 지점이다.

그렇다고 해서 타자에 대한 성찰이 현대철학의 산물만은 아니다. 타자에 대한 성찰은 이미 고대 그리스 신화나 기독교 성서 안에서도 발견된다. 기독교 성서는 타자에 대한 성찰을 '환대'라는 관점에서 수행하며, 그리스 신화의 오딧세이아편에서도 비슷한 장면이 나온다. 이렇듯, 이미 고대 그리스인들이나 유대인들도 타자와의 마주침이나 타자와 함께함 등을 환대의 관점에서 이미 성찰했음을 알 수 있다.

그러나 현대의 타자철학이 이전의 타자철학과 크게 다른 점이 하나 있다면, 이는 오늘날의 타자철학은 타자를 동일자로 환원하는 전체주의적 사고방식(동일성의 철학, 전체성의 철학)을 벗어나 '타자가 타자로서 출현할 수 있는 길', 즉 이타성에 대해 모색한다는 사실이다. 예를 들어, 플라톤의 향연에 나오는 아리스토파네스의 신화의 경우, 이러한 전체성의 이념을 매개로 타자에 접근하는 방식을 잘 보여준다. 특히, 서양의 근대철학은 모든 이질적인 것들을 주체라는 동일자의 틀 속으로 환원하는 것을 특징으로 하는데 이러한 노력은 필연적으로 모든 타자를 어떤 식으로든지 주체라는 동일자로 포섭하고자 하는 전체주의적 이념을 띠게 되고, 또한 이는 인종주의/노예제도, 더 나아가 제국주의/식민주의적 지배까지도 정당화하는 이론적, 사상적 기초가 된다(서동욱, 25-30).

그러나 현대의 타자철학은 타자를 대상화하는 전체주의적 사유방식으로부터 벗어나 타자를 이타성을 담지한 타자로 마주하고 타자가 타자 그 자체로서 출현할 수 있는 길을 찾고자 한다. 타자철학은 근대철학 이후 주체(적 자아)라는 동일자가 안팎으로부터 해체되는 과정을 통해 발전했다. 니체나 프로이트 등의 철학자가 주체를 내부적으로 해체하는 과정이었다면 구조주의나 포스트구조주의 철학자들의 작업은 주체를 외부로부터 해체하는 작업이었다고 할 수 있다.

아마도 많은 현대 철학자들이 '타자'에 대해 집중적으로 관심을 갖는 이유는 특히 이 개념이 자본주의적 체제(현실사회주의라고 불리웠던 국가자본주의적 체제까지 포함한)에서 요구되는 동일성 주체에 의거한 배타적 소유를 근본적으로 뒤집을 수 있는 개념으로 작동할 수 있다고 생각해서일 수도 있다(조광제, 560). 어쨌든, 우리는 이 글에서 타자와 타자성을 연구했던 많은 현대 철학자 중에서 특히 이매뉴얼 레비나스와 자끄 데리다, 질 들뢰즈를 중심으로 그들의 타자철학을 구체적으로 논의해 보고자 한다. 많은 철학자들 중 이 세 사람이 선택된 이유는 이들이 현대 타자철학의 대표자들로 여겨지기

도 하고 또 이들의 주장을 따라갈 때 타자철학의 전체적인 모습이
가장 잘 이해될 수 있다고 믿기 때문이다.

레비나스의 타자철학

동유럽의 유대인 가정에서 태어난 레비나스는 왜 독일이 2차 대전 당시 홀로코스트와 같은 대량 학살을 자행할 수 있었는지에 대한 해답을 찾고자 했고 그 근본원인을 서구철학의 형이상학과 존재론에서 찾았다. 특히 레비나스는 파르메니데스부터 하이데거에 이르기까지의 서양 철학이 '동일자에 의한 타자의 흡수'를 지향하는 '존재론'이었다고 보고 이것을 비판적으로 극복할 수 있는 '타자의 형이상학'이 이러한 존재론에 대해 우위성을 가져야 한다고 주장했다. 이 과정을 레비나스는 '존재론적 모험'이라고 부른다 (강영안, 86).

한편, 이러한 배경 아래서 레비나스가 극복하고자 했던 서구

철학은 특히 '전쟁의 존재론'이었다(서동욱, 316). 레비나스는 "전쟁에서 보이는 존재의 면모는 서양 철학을 지배하는 전체성 개념 속에 자리 잡는다. 여기서 개인들은 자신들이 모르는 사이에 그들에게 명령하는 힘들의 담지자로 환원된다. 개인들은 이 전체성으로부터(이러한 전체성의 밖에서는 보이지 않는) 자신들의 의미를 빌려 온다"고 말한다(레비나스, 전체성과 무한, 8). 레비나스에 따르면 타인을 수단으로 삼고 나의 지배 아래 두고자 하는 욕망은 폭력과 갈등, 전면적인 전쟁의 근원이다(강영안, 171). 즉 레비나스는 개별자들 모두를 자기 아래 복속하는 원리로서의 전쟁을 말한다. 개별자들은 전체를 지배하는 공통적 원리 아래서만 의미를 지니고 정체성을 부여받는다. 이 과정에서 독자적인 것으로서 개별자의 동일성은 사라진다. 이렇듯이 레비나스는 전체성으로 흡수되었던 주체의 동일성을 되찾고자 한다(서동욱, 317-8).

　레비나스는 서구 존재론의 비판을 평생의 경쟁자이자 적수로 여겼던 하이데거의 존재론에 대한 비판으로부터 시작한다. 하이데거는 존재와 존재자를 구분하며, 본래적인 존재란 개별자들 전체를 지배하는 존재이며, 그 결과 존재는 하나의 원리로서 '전체'를 주관한다. 개별자의 존재는 보편적인 아르케(원리)에 매개된 것으로 정체성을 가지고 출현하는 것이지, 독자적인 유일성을 가지고 출현하는 것이 아니다. 따라서 개별자의 단독성은 보편 원리 속으로 흡수되어 사라진다. 그러나 레비나스에 따르면, 타자는 동일한 원리 아래에 있는 한 집단에 속하는, 다른 자들과 동종의 자아가 아니라 '원리의 바깥에 있는 자'이다. 즉, 타자는 동류의 개별자로서의 타자가 아니라, 아르케(원리) 바깥에 있는, 아르케에 대한 타자인 것이다. 이렇듯, 무아르케적인 존재로서의 타자 또는 전체성 밖에서 전체성과 대립/대비되는 자로서의 타자가 바로 레비나스가 생각하는 타자의 개념이다(서동욱, 320-1). 레비나스는 다음과 같이 말한다. "타인으로서의 타인은 단지 나와 다른 자아가 아니다. 그는 내가 아닌 사람이다. 그가 그인 것은 성격이나, 외모나 그의 심리 상태 때문이 아니라 오직 그의 다름(타자성) 때문이다(레비나스, 시간과 타자, 101)." 레비나스가 말하는 타자는 나에 대해서 완전한 초월과 외재성이다. 즉, 내가 완전히 파악할 수 없는 무한성이다(강영안, 150-1). 타자성의 영역은 무한한 데 반해, 동일성은 한정된 유한의 지평일 뿐이다(문성원, 203).

그러나 레비나스에 따르면 동일자의 철학은 존재 속에 타자가 들어올 여지를 마련해 주지 않는다. 타자는 기껏해야 나와 동류의 '다른 자아'이거나 나와 함께 존재 세계 내에 살아가는 동료에 불과하다. 그것은 마침내 자아와 타자를 진리, 역사, 또는 전체의 이름으로 집단성 속에 가두어버린다(강영안, 117). 이와 달리 레비나스에게 타자는 이러한 지향적 의식과는 다른 차원에서 출현한다. 왜냐하면 지향적 의식에 대해서는 타자 그 자체의 출현이 이루어지지 않고, 주체의 지향적 의식을 척도 삼아 타자를 파악하기 때문이다. 즉, "타자와의 관계는 지향성으로 환원되지 않는다." 오히려 "지식, 지향성, 이해 가능성은 타자를 동일자로 환원시킨다." 한편, 대상에 대한 인식에 관심 없는 또 다른 지향성이 있는데 레비나스는 이를 "초월의 지향성"이라고 부르는데 이러한 "초월의 지향성"은 '환대'다. 즉, 타자에 대한 환대로서의 지향성이 가능한 것이다. 지향성이 환대가 될 수 있는 이유는 지향성의 활동이 그 활동 자신과 일치하지 않는 타자를 증언하기 때문이다. 지향적 의식은 대상을 자신의 영향 아래 두는 활동이 실패할 때 타자와 조우하게 된다. 지향적 의식이 닿지 못하는 이 타자를 가리키는 레비나스의 표현이 바로 '얼굴'이다(서동욱 361-4).

타자의 얼굴은 우리 '밖에서' 우리의 유한성의 테두리를 깨뜨리고 우리의 삶에 개입한다. 얼굴의 현상은 레비나스에게 각별한 의미를 갖는다. 얼굴이 자기 스스로 내보이는 방식을 레비나스는 '계시'라고 부른다. 계시라는 종교적 용어를 쓴 까닭은 얼굴의 현현은 내 자신의 노력을 통해서 나타나는 것이 아니라 스스로 자기 자신으로부터 나타나는 절대적 경험이라는 것을 강조하기 위한 것이다(강영안, 147-8). 즉, 우리는 타자의 표현과 타자의 계시에 응답할 뿐이다(레비나스, 전체성과 무한, 291).

레비나스가 말하는 윤리적 사건은 이러한 타인의 얼굴의 출현이다. 얼굴은 나의 표상과 인식, 나의 자유에 의존하지 않으면서 그 자체 존재하고 그 자체 스스로 드러내 보여주는 타인의 존재

방식이다. 이러한 '외재적 존재의 현시'를 레비나스는 '얼굴'이라 부른다(강영안, 177-9). 서양 고대의 노예는 얼굴을 가질 수 없었다. 노예에게 얼굴이 없다는 것은 그에게 지켜야 할 체면 또는 명예가 없다는 것을 의미한다. 또한 상대편에서도 노예의 얼굴을 고려할 필요가 없음을 뜻한다. 이로써 노예는 '상호작용 의례'에서 제외된다. 이제 노예는 사회적으로 보이지 않는다. 그는 타인 앞에 현상할 수 없고, 타인은 그의 앞에 현상하지 않는다. 노예는 얼굴 뿐 아니라 목소리도, 이름도 가질 수 없으며, 권리와 의무의 주체가 될 수도 없게 된다(김현경, 36-40).

레비나스에 따르면 타자의 얼굴이 타인에게서 드러날 때, 주체는 완전히 주도권을 상실하고 주체로서 자신을 유지할 수 있는 지배력을 상실하게 된다(조광제, 375). 레비나스에 따르면 "얼굴은 포함되기를 거부하는 가운데 현전"하기 때문이다.(레비나스, 전체성과 무한, 285). 또한 "타인은 무한히 초월적인 자로, 무한히 낯선 자로 남는다. 타인의 얼굴에서 타인의 에피파니가 생산되고, 그런 가운데 타인의 얼굴은 내게 호소한다. 그러나 타인의 얼굴은 우리에게 공통적일 수 있는 세계와 단절한다(레비나스, 전체성과 무한 286)."

레비나스에게 타자의 얼굴을 맞이하는 사건은 위급한 타자의 절대적 우선성에 대한 복종이며, 이러한 타자의 절대적 우선성이 '윤리'란 근본적으로 주체의 책임이 결코 어느 정도 하다 중단될 수 없는, 무한으로의 부름임을 드러낸다(김혜령, 250-1). 타인을 위해, 타인에 의해 내가 책임적 존재가 된다는 것은 곧 내가 응답적 존재가 된다는 것을 의미한다. 즉, 타인에 대한 나의 책임은 나의 자유에 선행한다. 또한 책임은 절대적 타율성이고 절대적 타율성으로서의 책임은 나의 자유의 한계를 초월한다(강영안, 183-6). 한마디로 "책임은 거부될 수 없다(레비나스, 전체성과 무한, 297)."

타자 그 자체와 마주하는 의식은 수동적이다. 왜냐하면 주체의 능동성은 타자를 결국 주체의 방식으로 의미화하고 포섭하기 때문이다. 레비나스는 이러한 극단적 수동성을 "지반 없는 수동성", 또는 "절대적 수동성"이라고 불렀다. 후설, 하이데거, 사르트르, 메를로퐁티에게 주체는 '나는 할 수 있다'라는 것이었다면, 레비나스에게 주체는 '타인에게 나는 힘을 행사할 수 없다'는 것이다(서동욱, 372). 특히, 대상의 출현에 대해 의식이 전적으로 수동적인 이 국면이 대상에 대한 무조건적 환대라고 불린다.

한편, '과부와 고아'처럼 약자로 나타나는 타인의 얼굴은 주체에 대해 그 어떤 저항이나 지배력을 발휘하고자 하지 않는 얼굴이다. 오히려 타인의 얼굴에서 오는 힘은 상처받을 가능성, 무저항에 근거하고 있다. 얼굴이 상처받을 수 있고 외부적인 힘에 대해 저항이 불가능하기 때문에 얼굴로부터 도덕적 호소력이 나온다(강영안, 148-9). 즉 얼굴은 이처럼 주체가 어찌할 수 없는 완전한 타자성으로서의 얼굴이기 때문에 오히려 주체에 대해 모종의 윤리적 명령을 내리는 얼굴이 된다(조광제, 375). 사르트르에게는 주체의 능동적 자유에 입각한 현실참여가 중요했다면, 레비나스에게는 타자의 강요에 의한 수동적 주체의 현실참여가 중요하다. 즉, 레비나스에게는 타자와의 관계가 근본적이며 주체의 자유는 이차적이다. 내가 자유를 누리기 이전에 이미 나는 타자와의 관계 속에 있다. 레비나스는 [존재와 다르게]에서 이렇게 말한다. "나는 어떤 일도 하지 않았지만 언제나 기소된다." 즉, 나는 언제나 타자에 대해 책임이 물어진다. 나는 타자에게 종속된 '인질'이기 때문이다(서동욱, 383-5).

레비나스에 따르면 주체는 자기의식의 활동에서와 달리 자기 자신으로부터 스스로 만들어질 수 없으며, 타자에 대한 응답자로서만 나타난다. 타자를 향하는 일을 결정하는 것은 주체의 자유가 아니다. 자기의식에 기반을 둔 자유가 활동하기 전에 이미 타자와의 관계가 이루어진다. 그리고 다시 한 번 말하지만 근본적으로 타자와 주체가 맺는 이 수동적 관계가 '대답할 수 있음', 즉 '책임'이라는 점에서 타자와의 관계는 윤리적이다. 또한 내가 타자와의 관계에 수동적으로 사로잡힐 수밖에 없다는 것은, 즉 스스로에게 회귀해 자기성을 지켜낼 수 없다는 것은 타자와의 관계가 '비대칭적'이고, 역전 불가능하다는 것을 의미한다. 이런 역전 불가능한 관계 속에 있는 것이 레비나스의 주체이다(서동욱, 388-91).

레비나스는 타자와의 비대칭성, 불균등성이 인간들 사이의 진정한 평등을 이룰 수 있는 기초이고 이런 의미의 평등만이 약자를 착취하는 강자의 법을 폐기할 수 있다고 생각한다(강영안, 151-2). 한편, 레비나스는 형이상학적 사유를 윤리학과 동일시하고 윤리학을 '제일 철학'이라고 부른다. 그는 [전체성과 무한]에서 "윤리는 시각과 확실성 너머에서 외재성 자체의 구조를 드러낸다. 도덕은 철학의 한 분과가 아니라 제일 철학이다"라고 주장했다. 레비나스에 따르면, 자신의 존재 너머에서 윤리가 성립하며, 더 나아가 윤리는 존재 이후에 오는 것이 아니라, 존재에 우선하는 것이 윤리, 곧 타자와의 관계다. 나의 존재가 먼저 있는 것이 아니라 타자와 맺는 관계에 의해 나라는 주체가 성립하고, 그 후에 존재가 문제의 지평으로 떠오르는 것이다(문성원, 80).

레비나스의 윤리학은 '책임의 윤리학'이다. 타인으로부터 분리된 채 자기중심주의로 살아간다는 것은 책임으로부터의 도피이며 이 도피를 레비나스는 윤리적 의미의 '악'이라고 부른다. 칸트가 윤리적 악의 근거를 인간의 자유에서 찾았다면 레비나스는 타인에 대한 나의 책임 유기에서 찾는다(강영안, 189). 이렇듯 레비나스는 윤리학의 근원을 존재론적인 차원에서 이끌어내어 사실과 당위를 연결짓고, 이를 통해 정언명법에 기초한 칸트의 도덕철학이나 경험과 효율에 기반한 윤리를 말하는 공리주의 모두를 넘어서고자 했다(조광제, 382).

또한 레비나스의 타자철학은 개인적인 차원에만 머무르지 않고 공동체 전체와 관련된 정치철학적 의미를 지닌다. 왜냐하면 이

세상은 나와 직접 마주한 타인 외에 타인의 타인, 그 타인의 타인, 이렇게 수많은 타인으로 연결되어 있기 때문이다. 이 모두를 일컬어 레비나스는 '제삼자'라고 부른다. 이 '제삼자' 개념은 타자에 대한 책임이 만인에 대한 포괄적, 보편적 책임으로 나아가야 한다는 의미를 지닌다(강영안, 193).

제3자의 등장은 평등과 공의에 따라 관계들이 조정되는 정의로운 공존 체제 구축을 요청한다. 레비나스에 따르면, "형이상학 또는 타자와의 관계는 봉사로서 그리고 환대로서 성취된다. 타인의 얼굴이 우리를 제삼자와 관계 맺게 함에 따라, 타인에 대한 나의 형이상학적 관계는 우리라는 형식으로 흘러들어 가고, 보편성의 원천인 국가, 제도 그리고 법을 열망하게 된다(레비나스, 전체성과 무한, 451)." 이런 의미에서 제삼자는 분배적, 사회적 정의의 시작이며 책임은 여기서 법으로 전환된다. 제삼자는 체제와 구조, 그리고 이들의 총체인 국가라는 매개를 통해 접근가능하다. 이런 의미에서 국가는 타자를 위한 책임의 정신 아래 운영되어야 할 존재가 된다(강영안, 194).

그러므로 레비나스는 홉스와 달리 국가 형성의 추동력은 만인 대 만인의 투쟁이 아니라 타자에 대한 환원 불가능한 책임이라고 주장한다. 레비나스에 따르면 이상적 국가는 타자에 대한 책임을 바탕으로 하는 국가이다. 그런데 레비나스는 현실 속에서 이런 국가의 모델을 이스라엘의 정치에서 찾고 있다. 그에 따르면, 이스라엘의 정치가 바로 무원리의 정치이다. 그러나 우리가 이스라엘의 역사를 살펴본다면, 그의 이같은 주장에 쉽게 동의하기는 어렵다(서동욱, 405-7). 주디스 버틀러에 따르면, 레비나스의 시오니즘과 이스라엘 국가 건국 이해의 치명적인 약점은 홀로코스트를 당한 유대인의 비참한 운명을 이스라엘 국가 건국 당시의 갈등상황과 일치시켰다는 점에 있다. 그러나 "이스라엘 국가만이 이 시기에 박해로 고통받았다는 주장은 명백하게 틀린 것이다. 1948년 한 해에만 75만 명 이상의 팔레스타인들이 고향과 집에서 강제적으로 철거되었다." 이들 두고 주디스 버틀러는 레비나스가 팔레스타인인들에 대한 이스라엘의 책임을 방기하며, 결과적으로 팔레스타인인들을 "얼굴이 없는" 이들로 대하고 있다고 비판한다(김혜령, 277).

앞에서 이야기했듯이 레비나스는 홀로코스트와 같은 인류 최대의 비극이 결국 '진리'라는 이름 아래 주체가 타자를 동일화하며 결국 타자를 전체주의적 기획에 포섭하는 서양철학 전통의 오래된 경향성이 만들어 낸 "전체성의 향수"에서 비롯되었다고 생각했다. 나아가 이러한 서양철학의 정신이 당시 유럽과 세계 전역을 공포로 몰아넣었던 전체주의적 정치 선동의 사상적 근원이 되었다고 주장했다(김혜령, 242-3).

레비나스에 따르면 결국 우리에게 "의미 있는 세계는 타인이 있는 세계다. 타인으로 인해, 내가 향유하는 세계는 의미 작용을 하는 주제가 된다(전체성과 무한, 310)." 그러나 한편 레비나스의 '타자의 얼굴' 개념은 과도하게 자기희생을 강요하는 매우 비현실적이고, 이상적이며, 더 나아가 억압적인 성격을 지니고 있다는 비판을 받기도 한다(김혜령, 261). 실천적 적용이 현실적으로 가능한가라는 레비나스의 타자철학이 지니는 근본적 한계에도 불구하고 우리는 여전히 '전쟁의 존재론'을 넘어 '화해와 평화의 존재론'을 강조하고 '주체 중심의 윤리학'을 넘어 '타자의 윤리학', '책임의 윤리학'을 강조하는 레비나스의 타차철학으로부터 한반도 평화를 위한 중요한 통찰과 시사점을 얻을 수 있다.

데리다의 타자철학

해체주의 또는 탈구축주의 철학자로 잘 알려진 데리다는 서양 철학의 전통적 전제들 또는 원리들을 해체하고자 한다. 해체는 하이데거의 [존재와 시간]에 등장하는 개념으로 하이데거에게 해체는 존재론 바깥에서 존재론의 가능 근거를 탐색하는 사유였다. 데리다는 다양하게 전개된 서구 사유의 바탕에서 이러한 해체의 논리를 찾아내고자 한다. 데리다에 따르면, 서구 형이상학이 사유하지 못하는 형이상학의 근본 조건이 바로 '문자', '에크리튀르', '원-에크리튀르', '흔적', '원-흔적' 등으로 불리는 것들이다. 이렇게 문자 혹은 에크리튀르를 형이상학의 근본 조건으로 발견한 것이 데리다 해체론의 특징이다(서동욱 446-9). 데리다는 이러한 필수적인 조건과 전제를 의식하지 못하는 서양의 형이상학을 '현전의 형이상학'이라고 비꼬아서 부르면서 이러한 성찰의 부재로 인해 유지되어 온 서구의 전통적 형이상학을 '백색 신화'라고 부른다(박영욱, 127-9).

　데리다에게 해체란 의식의 직접성 바깥에서 직접성이 성립하기 위한 조건 내지 매개를 찾고 명시하는 작업이기도 하다. 의식은 그 자신에게는 직접적이지만, 그 직접성은 의식보다 근본적인 차원의 요소에 근거한다. 따라서 의식의 직접성은 의식이 누리는 신화이다. 여기서 중요한 것은 서양 철학에서 자기의식, 곧 의식이 그 자신에 대해 맺는 관계의 직접성이 '목소리'를 통해 특권적으로 표현되어 왔다는 사실이다. 의식의 직접성이 목소리를 통해 구현된다는 점에서 '자기의식의 사상'은 곧 '음성중심주의'이며, 이러한 자기의식과 목소리의 특권적 관계가 바로 데리다의 '음성중심주의(phonocentrisme)' 비판의 핵심이다. 데리다에 따르면, 우리가 직접적 의식의 활동이라 여기는 것, 자기의식의 활동은 사실 '의식에 대해 이질적인 것의 매개' 없이는 이루어지지 않는다. 그리고 이 이질적인 것이 바로 '문자'다. 이렇듯 대리보충을 수행하는 문자의 기능을 밝히는 작업은 형이상학을 가능하게 하는 조건을 명시하는 것인 동시에, 형이상학은 그 자신의 바깥에 존재하는 전제에 의존한다는 것을 보여준다(서동욱, 450-2).

　그러나 한편 해체로 환원될 수 없는 것, 해체 불가능한 것이 있는데, 데리다는 이 해체 불가능한 것을 "어떤 메시아적인 것"이라고 말한다. 데리다에게 메시아적인 것, 해방의 약속의 경험인 것, 해체를 가능하게 해주는 해체 불가능한 것은 이제 '타자'라는 이름 아래서 사유된다. 메시아적인 것에 대한 사유는 "법을 넘어서는 정의에 대한 절박한 요구"에서 기인한다. 그리고 이 때 이 메시아적인 것은 특정한 종교적인 사건과는 관계가 없다. 메시아적 경험을 주는 것은 타자와의 마주침이다. 타자는 메시아처럼 초대할 수도 없고 올 때를 예측하거나 기대할 수 없으며 그저 방문할 뿐이다. 메시아가 이성의 자기 전개 과정과 상관없이, 즉 이성의 역사와 상관없이 도래해 이성적 시간의 질서에 '단절'을 만들듯이 그렇게 타자도 도래한다(서동욱, 484-6).

데리다의 전기 철학에서 형이상학을 가능하게 해주는 동시에 해체가능하게 해주면서, 기원으로서 그 자체 해제되지 않는 것이 '문자'였다면, 후기 철학에서 이와 같은 역할을 하는 것은 타자이다.(서동욱, 486). 데리다 철학의 이러한 변화는 1980년대 초반 레비나스와 블랑쇼에 영향받은 바 크다. 데리다는 타자에 대한 담론의 가능성과 한계를 구체적으로 논의하는데, 그에 따르면, 타자에 대해 무언가를 말하는 것도, 그것을 맞아들이기 위해 어떤 적극적인 무엇을 하는 것도 가능하지 않고 바람직하지도 않지만, 그러면서도 그것을 여전히 기대하면서 타자의 도래라는 놀라운 효과를 인식하는 것은 가능하고 바람직하다고 주장한다(포웰, 309-316). 이런

식으로 데리다는 서양철학의 형이상학과 동일성의 무덤에서 매장되었던 '타자'를 무덤에서 끄집어낸다(박영욱, 137).

한편 문자가 그러했듯이, 타자와의 마주침 역시 '동일성'의 확립으로 귀결되지만 이 동일성은 이제 책임 속에서 확립된다. 유럽의 재동일화가 중요한 정치적 예일 것이다. 유럽은 역사적으로 이미 존재했으므로 동일화가 진행될 때 이 동일화는 정체성의 재동일화라는 형태를 띤다. 즉, 유럽은 "자기 자신과의 차이", 타자의 도래에 따른 차이를 통해 자기 자신을 재동일화한다. 시니피에 혹은 기의의 동일성은 이질적인 것의 개입을 통해 성립하는데 유럽의 경우도 또한 이질적인 것의 개입에 의한 자신과의 격차 자체가 유럽의 정체성을 이룬다. 이 때 이질적인 것의 개입에 의한 유럽의 동일성의 형성은 기존 유럽으로의 단순한 복귀가 아니다. 그것은 타자, 즉 외국인, 이주민 등 여러 이름으로 도래하는 이질적인 것에 의해 '자신과 차이를 가지게 되는' 유럽의 새로운 생성이며, '과거의 유럽과 그 유럽을 지탱해온 통념, 관습, 법, 제도를 와해시키는 사건'이다(서동욱, 486-8).

이렇듯이 유럽은 항상 위기의 개념이었다. 유럽인들은 항상 이슬람의 위협, 황하의 위협, 그리고 공산주의의 위협 속에서 유럽의 정체성을 찾고자 했다. 이런 측면에서 유럽은 철저하게 타자와의 갈등적 대면 속에서 형성된 개념인데 이는 타자를 밀어내는 배제적 개념이자 타자의 위협에 맞서 '우리'를 단결시키는 통합적 개넘이다(장문석, 322). 이렇듯 유럽은 타자에 대한 위협과 개방 속에서 유럽으로 존재해 왔다. 유럽인의 자기의식은 항상 유럽 아닌 것의 침투를 통해서 자신과 격차를 가지는 방식으로 존립해 왔다. 이는 유럽의 순수한 동일성을 견지하려는 모든 정치제도의 와해 또는 불가능성이기도 하다. 그리고 이것은 유럽 뿐 아니라 모든 민족, 국가, 공동체의 운명이다(서동욱, 490-1).

데리다는 해체될 수 없는 것으로서 타자가 지니는 지위를 탐구하는데, 이는 사회정치적 차원에서 타자의 도래를 탐구하는 작업 속에서 이루어진다. 이 작업을 통해 데리다는 보수적으로 해석될 수 있는 레비나스의 타자철학을 정치적으로 급진화된 형태로 제시한다. 데리다는 윤리를 앞세워 정치를 무력화시키려는 시도에 반대한다(서동욱, 492-3). 즉, 데리다의 의도는 레비나스를 수용함으로써 칸트를 필두로 한 고전적 계몽을 포기하는 것이 아니라 철학에 윤리나 신념을 적용하는 것이었다(포웰, 314).

데리다는 후기 저서인 [마르크스와 유령들]에서 '타자'의 다른 이름인 '유령'이라는 개념을 통해 마르크스를 현대적으로 해석한다. 유령은 현전하면서도 현존에 이질적이기 때문에 영원한 타자이며 이 책에서 유령은 타자의 부름 및 호소에 대한 책임의 윤리와 정치를 의미한다(데리다, 366). 한편, 유령의 출현은 "비타협적이고 무조건적인" 정의의 요구에 대한 서약, 즉 맹세하라는 명령으로서 기술된다. 정의란 타자의 도래함에 대한 응대 자체이다. 타자는 식별 불가능하며, 이는 타자가 주체의 이론적, 실천적 목적에 전혀 매개되지 않는다는 것을 의미한다. 타자는 절대적으로 도래할 뿐이지, 주체와 타협하거나 협의하는 자가 아니다. 타자와의 관계는 '비대칭적 관계'이다. 이런 타자의 무조건적 요구에 대한 환대가 바로 정의이다(서동욱, 506). 즉, 데리다에게 해체란 궁극적으로 정의를 향한 관심이며 이는 동시에 진정한 환대와도 연결된다(강남순, 225).

데리다는 정의 자체를 거부하는 것이 아니라 정의의 정의롭지 못한 구현 방식에 문제를 제기하고 오히려 정의의 의미를 명확하게 밝히고자 한다. 데리다는 [법의 힘]이라는 책을 통해 본래적인 의미의 정의와 정의의 구현으로 간주되는 법을 구분함으로써 이러한 작업을 수행한다(박영욱, 141-3). 데리다에게 진정의 의미의 보편적 정의란 타자의 한계를 인정하는 환대의 태도로부터 발생하는 것이다. 즉 보편적인 것은 차이의 제거가 아닌 차이 자체의 인정으로부터 발생한다. 정의가 폭력적인 것이 되지 않기 위해서는 유령이나 이방인, 혹은 타자의 모습으로 존재할 수 밖에 없다. 그것이 실체화하는 순간 폭력적인 힘으로 둔갑하기 때문이다. 정의는 유령의 모습으로 우리 주변을 배회하고 있으며, 해체의 모습으로 모든 억압적인 폭력에 맞서고 있다(박영욱, 146-7).

이 때 데리다에게 타자에 대한 응답을 기술하는 중요한 개념이 바로 '환대'이다. 환대란 인간과 같은 일반 개념에 매개되는 자가 아닌 단독성을 지닌 타자에 직접 관여하며 또 '무조건성'을 근본으로 한다. 환대의 대상은 환원불능, 대체불능의 고유한 자로서 독자적인 자로서 환대받는다. 또한 환대는 무조건적이며 이런 뜻에서 이름이 말소된다. 즉, 당신이 누구이든, 어떤 인간이든, 짐승이든, 신이든, 나는 당신을 환영한다는 것이다(서동욱, 510-1). 이러한 의미에서 데리다는 환대를 환대(hospitality)와 적대(hostility)를 합친 '적환대(hostipitality)'라고 부르기도 한다(강남순, 228). 조건적 환대는, 내가 원하는 사람만을 받아들인다. 그러나 이런 경우, 환대는 제한적이며 계산적일 뿐이다. 진정한 환대는 오로지 무조건적 환대일 뿐이다. 한편, 자선도 환대와는 다르다. 왜냐하면 자선은 일방적인 성격을 갖기 때문인데, 자선은 되갚을 능력이 없는 사람에게 주어지는 선물이므로, 그 안에 이미 상대방의 명예에 대한 평가절하가 들어 있다. 다른 말로 하면, 자선을 베푸는 사람과 받는 사람은 동등한 위치에서 관계를 맺을 수 없다(김현경, 171-2). 또한 환대는 언제나 권력의 문제와 연결되어 있다. 환대란 결국 주인과 손님의 관계이기 때문이다. 이러한 의미에서 환대는 정치적이다(강남순, 255).

데리다는 '순수한' 환대 혹은 '절대적' 환대'는 불가능한 이상이라고 말한다. 하지만 현실적 환대 혹은 조건적 환대는 불가능한 환대의 그림자 속에서 일어나며, 이 불가능성과 관계 맺음으로써 스스로를 변형의 가능성 앞에 개방한다(김현경, 191-2). 데리다는 절대적 환대가 불가능하다고 말하지만, 우리는 절대적 환대에 기초한 사회를 상상할 수 있다. 어떤 의미에서 사회란 절대적 환대를 통해 성립한다. 절대적 환대가 불가능하다면, 사회 역시 불가능하다. 신원을 묻지 않는 환대는 현대 사회의 기본적인 작동 원리이기 때문이다. 우리는 이것을 세 가지 다른 층위에서 확인할 수 있다. 첫째, 모든 인간 생명은 출생과 더불어 사람이 된다. 둘째, 공적 공간에서 모든 사람은 의례적으로 평등하다. 셋째, 자기가 누구인지 말할 수 있는 사람은 자기뿐이다(정체성 서사의 최종 편집권은 당사자에게 있다)(김현경, 209). 환대의 권리는 인류의 구성원이면 누구에게나 주어지는 권리이며, 이 권리를 부정당하는 사람은 '인류 공동체'에 속한다는 사실을 부정당하는 것이다. 환대란 어떤 사람이 인류 공동체에 속해 있음을 인정하는 행위, 그가 사람으로서 사회 속에 현상하고 있음을 확인해주는 행위이다. 어떤 사람을 절대적으로 환대한다는 것은 그가 어떤 행동을 하든지 처벌하지 않는다는 것이 아니라, 어떤 경우에도 그의 사람자격을 부정하지 않는다는 것이다(김현경, 229-30).

또한, 이 점은 국제사회에서 한 국가의 성원권 획득의 중요성이나 보편성이라는 관점에도 커다란 의미를 지닌다. 북한은 1991년 한국과 동시에 유엔에 가입해서 국제사회에서의 성원권을 획득한 것처럼 보이지만, 미국은 북한을 계속 "불량국가"나 "악의 축" 등으로 부르면서 국제사회의 성원권을 인정하지 않았다. 또한 미국은 1994년의 제네바 합의, 2000년의 북미공동 코뮤니케, 2018년의 북미싱가포르 공동성명 등에서 북한을 국가로서 존중하고 새로운 관계를 수립하며 북미관계 정상화까지 나아가겠다는 약속을 했으나, 이 약속은 아직까지 지켜지지 않고 있다. 이는 미국이 아직까지도 북한을 적대적 타자로 대하며 절대적으로 환대할 생각이 없다는 점을 잘 보여준다. 이렇듯, 환대의 문제는 국제관계에서도 점점 중요한 주제가 되고 있다. 세계 곳곳에서 일어나는 다양한 모습의 전쟁, 분쟁, 폭력 등의 문제는 언제나 난민, 이주민, 망명자들의 문제와 직결되어 있기도 하다(강남순, 226).

마지막으로 레비나스와 달리 데리다에게 있어서 타자는 인간만을 의미하는 것이 아니라 그 경계가 동물까지도 확장된다. 데리다가 말하는 '환대의 원'에는 인간만이 아니라 동물도 포함된다. 최근 코로나바이러스의 전세계적 전파와 확산으로 인한 팬데믹을 경험한 우리로서는 동물에게까지 확장된 데리다의 타자 개념이 그 이전보다 더 설득력 있게 다가온다. 이렇듯, 타자에 대한 무한책임과 윤리성, 환대를 강조한 레비나스와 데리다는 여러 사상적 맥락을 같이 하지만, 환대의 범주를 동물에게까지 확대한다는 점과 타자에 대한 윤리성 뿐 아니라 정치성을 강조한다는 의미에서 데리다는 레비나스보다 급진적이다. 이러한 데리다의 타자철학 또한 레비나스의 경우와 마찬가지로 얼마나 현실적으로 적용가능할 것인가라는 근본적 비판이 제기될 수 있음에도 불구하고 그의 타자에 대한 절대적 환대 개념은 어떻게 한반도에서 화해와 평화를 이룰 것인가에 대한 해법을 찾는 과정에서 우리에게 중요한 실마리를 제공해 줄 수 있을 것이다.

들뢰즈의 타자철학

들뢰즈의 타자 개념은 매우 독특하고 더욱 급진적이다. 그는 최초의 저작부터 정치학, 예술, 문화 등에 대한 참여에 이르기까지 탈인간적 문제에 천착했다. 이를 위해 그는 재현과 구조를 넘어서고자 노력하며 전(pre-)인간적이고 전(pre-)언어적이고 심층적인 차이들의 총체성이나 면을 여러 방식으로 해석하고자 한다(콜브룩, 60-63). 즉, 그는 타인과의 관계를 기술하고 정립하는 것이 아니라, 타인 개념 그 자체를 와해시키고자 한다. 들뢰즈의 타자철학은 타인/타자라는 개념비판을 넘어 존재론적으로 인간 주체 개념마저 해체시킨다(서동욱, 528-9).

들뢰즈의 다수라는 개념은 통일적인 원리의 지배를 받지 않는다. 이런 의미에서 들뢰즈 철학은 전체화하지 않는 다수적인 것들에 대한 사유라고 할 수 있다. 예를 들어, 통일적인 코기토의 지배를 받지 않는 분열적 사유들이나 오이디푸스적 삼각형 속에서 형성된 인격적 통일성으로부터 벗어난 익명의 다수적 욕망들은 전체화하지 않는 다수성이 출현하는 가장 중요한 모습들이다. 또한 이런 개별적인 다수성은 인격적 통일 같은 원리에 매개되지 않으므로, 이른바 '비인격적인' 것이다. 다수를 이루는 이 비인격적인 것을 들뢰즈는 '특정성'이라고 부른다. 그것의 비인격성을 강조해서, 이 특정성을 "선개인적 특정성들과 비인격적 개별화들"이라고 말할 수 있다. 이러한 특정성 개념만이 다수가 전체로 환원되는 것을 막고 다수성을 지켜준다. 특정성은 전체를 이루지 못하도록 한다는 점에서 보편적인 것과 반대되며 특정성은 다수들 간의 연관, 즉 우리가 접속, 배치라는 이름으로 부르는 것들과 불가결하게 연관된다. 이렇듯이, 들뢰즈는 "나와 당신" 또는 "주체와 타인"이라는 개념을 인간 이전의 다수성 및 다수적인 것들의 배치라는 개념으로 대체한다(서동욱, 535-7).

들뢰즈에 따르면, 타자 또는 타인은 지각적 세계의 한 구조로 여겨진다. 타자는 지각하는 내가 경험하지 못하는 세계를 대신 지각해 주는 자, 그래서 지각의 가능성을 확보해 주는 자이며 따라서 타자는 개체적 차원이 성립하는 한 구성 요소로 작용하는 것이다(문성원, 257). 이처럼 타인은 지각장의 구조이며, 지각을 통해 경험되는 자가 아니라 지각 자체를 가능하게 하는 자이기 때문에 경험에 선행하는 자, 즉 '선험적' 타인이다(서동욱, 538-41). 그러나 들뢰즈가 궁극적으로 발견하고자 하는 것은 타인이라는 인격에 앞서는 특정성 또는 개체성이다. 이런 개체성의 영역으로 들어서기 위해서는 인격적 세계, 즉 타인 개념이 와해되어야만 한다. 타인에 의해 조직된 세계 이면에 있는, 타인의 부재를 통해 드러날 또 다른 세계를 들뢰즈는 '이중체'라고 말한다. 타인 구조가 와해되면 욕망은 인격을 벗어난 익명적인 것이 되고, 비인격적인 요소들과 결합한다. 즉 이러한 요소적 세계 안에는 익명적 요소들 사이의 배치만이 존재하며, 이것이 바로 비인격적이고 익명적인 개별성의 삶이다(서동욱, 565-71).

들뢰즈는 타인과 타자를 구분한다. 그에게 '타자' 개념은 '차이' 개념으로 이해될 수 있다. 들뢰즈에 따르면, 플라톤의 존재론에서 있지 않은 것(비존재)은 이데아를 분유받지 못한 것이다. 즉, 플라톤의 존재론에 따르면, 이데아가 있고, 이데아와 닮은 것이 모사물이고, 이데아를 분유받지 못한 것이 허상인데, 이 허상이 바로 시뮬라크르이다. 시뮬라크르는 비존재이다. 비존재는 존재의 부정이 아니라, 존재하는 것과 다른 것일 뿐이다. 즉, 비존재는 하나의 실존 방식이다. 그러나 참된 존재와 다르다는 규정 외에는 규정이 불가능하다. 그렇기에 오로지 '다르다(타자성)'만이 이 존재를 일컬을 수 있는 유일한 형상이 된다(서동욱, 576-8).

들뢰즈는 플라톤주의를 전복한다. 플라톤주의의 전복이란 플라톤의 통일적 원리와 동일성의 원리를 부정하고 시뮬라크르를 근본적으로 내세우는 것이다. 들뢰즈는 [차이와 반복]에서 "플라톤주의는 차이를 그 자체로 사유하지 않는다. 그 대신 차이를 이미 어떤 근거에 관련짓고 같음의 사태에 종속시키며, 또 신화적 형식을 통해 매개를 도입한다. 플라톤주의를 전복한다는 것, 그것은 모사에 대한 원본의 우위를 부인한다는 것을 말한다. 그것은 이미지에 대한 원형의 우위를 부인한다는 것이며 허상[시뮬라크르]과 반영들의 지배를 찬양한다는 것이다"(들뢰즈, 161-2). 시뮬라크르로만 이루어진 세계에는 이데아라는 원본, 그 원리에 지배되는 모사물, 그 원리의 타자인 시뮬라크르 사이의 위계가 없고, 오로지 시뮬라크르를 출현시키는 차이만이 있다. 따라서 통일적 원리를 가지지 않는 시뮬라크르를 규정하는 개념은 내재적인 차이일 뿐, 이데아와 모사물이라는 외재적 원리에 대한 타자성이 아니다(서동욱, 581).

이렇듯이, 들뢰즈에게 타자 개념은 레비나스의 경우 주로 타인이나 또는 데리다의 경우 동물까지 확장되는 개념이 아니다. 그것은 모든 존재자를 시뮬라크르로 출현시키는 개념, 즉 차이 개념으로 인도해 주는 자이다. 들뢰즈의 타자는 자기 동일성을 파괴하고, 동일성이 있던 자리에 차이, 특정성, 시뮬라크르의 다수성을 생산한다. 이러한 타자는 진리나 이데아로 등장하는 어떤 모범적 모델에 대한 타자, 즉 상대적인 타자가 아니라, '그 자체로서의 타자' 또는 '차이 그 자체'의 개념이다(서동욱, 581-3; 들뢰즈, 83-167). 이 지점은 들뢰즈와 레비나스가 차이와 타자에 대한 사유의 차이가 나타나는 지점이다. 들뢰즈는 존재에서 비롯하는 차이에서 타자가 생성된다고 주장하는 반면, 레비나스는 차이가 타자성을 만드는 것이 아니라 타자성이 차이를 만든다고 주장한다(문성원, 83).

한편, 들뢰즈에게 정치는 존재론과 불가분의 관계에 놓인다. 들뢰즈에 따르면 세계는 사건들의 총체이며 존재론이란 사건들의 총체인 세계에 대한 담론, 세계 속 사건들의 발생에 대한 담론이다. 정치 또한 사건이라는 점에서 사건들에 대한 담론인 존재론과 불가분의 관계에 놓이기 때문이다. 또한 정치는 그 자체가 사건인 한에 있어서 반드시 사건의 주체를 요구한다. 그런데 주체와 탄생과 소멸 역시 오직 존재론을 통해서만 이야기될 수 있기 때문에 다시 한 번 정치는 사건들에 대한 담론인 존재론과 불가분의 관계에 놓이게 된다(박정태, 48-9).

정치적 실천 문제와 관련해서 들뢰즈는 그 어떤 일반화된 원칙이나 보편적인 해결책을 적용하는 것에 대해 반대한다. 이는 보편성의 폭력이라는 근대적 폭력으로 필연적으로 귀결될 수밖에 없기 때문이다. 반면에 들뢰즈는 구체적인 문제 속에서 매 경우마다 '순수 차이' 또는 '절대적 차이'에 기반한 원칙을 제시한다. 이는 언뜻 보기에 공허하거나 무의미해 보이는 무원칙으로 여겨지거나 그냥 하고 싶은대로 할 수 있는 쉽고 단순한 원칙으로 여겨질 수 있으나 오히려 매 순간마다 원칙에 대해 끊임없는 숙고를 요구하기 때문에 훨씬 어려운 과정이라고 할 수 있다(박정태, 68-71). 들뢰즈의 타자철학 또한 그 실현가능성에 대한 비판에도 불구하고 전체성과 보편성의 폭력에 대해 반대한다는 점에서 한반도의 전쟁 방지와 평화를 위한 우리의 노력을 근본적으로 성찰할 수 있는 계기를 마련해 준다.

타자철학과 한반도 평화

우리는 전체주의적 사고와 행위로 인한 피해와 희생을 경험했다. 그러므로 우리의 공동체가 전체주의적 집단으로 변질되지 않도록 항상 주의를 기울여야 한다. 전체주의적 사유, 또는 전체성의 원리에 대해 이질적인 자가 바로 타자이다. 구성원들을 목적을 위해 사용되지 않고 각자의 개별성 속에 남도록 하는 공동체를 건설해야 한다. 이런 공동체는 타자와의 만남 그 자체와 동일한 것이다. 공동체는 오로지 타자가 이질성 속에 도래하는 한에서 공동체이다. 한편, 이 타자의 도래는 '나는 나다'로 표현되는 주체의 동일성을 와해시킨다. 왜냐하면 주체의 동일성은 타자를 자신에게 매개하는 것에 의해, 즉 타자의 이질성을 사라지게 함으로써만

존립하기 때문이다. 이질적인 자아, 즉 타자와의 마주침은 '나는 나다'라는 자기동일성이 깨어질 때만 가능하다. 주체의 자기동일성 해체는 레비나스, 데리다, 들뢰즈 모두에게 핵심적인 요소다. 도래하는 타자와의 만남을 자기동일성과 통일성에 기반한 원리로 환원하지 않으려는 노력을 우리는 타자에 대한 존중이라고 부를 수 있다(서동욱, 593-7).

길게는 1945년 해방 이후 79년 동안, 짧게는 1953년 한국전쟁 정전협정 이후 71년 동안, 분단된 한반도의 화해와 통일을 위해, 그리고 세계 5위의 군사력을 가진 남한과 핵과 ICBM 등의 핵무력을 가진 북한의 대결구도를 벗어나 한반도의 화해와 평화, 번영을 위해서는 우리의 세계관을 확장하고 다양성과 포용성에 기반한 사고를 철학적으로 모색할 필요가 있다. 그리고 분단과 대결을 벗어나 화해와 평화로 가기 위해서는 지난 70여 년 동안 통일의 지배적 담론으로 기능했던 민족주의적 담론, 국가주의적 담론, 인도주의적 담론 등에서 벗어나 타자를 대상이 아닌 목적으로 대하는 '타자철학'을 적극적으로 수용할 필요가 있다.

민족주의적 담론은 한민족은 오랫 동안 하나의 국가를 이루며 살아왔는데 냉전 시기 우리 민족의 의사와 관계 없이 미국과 소련에 의해 분단되었으므로 마땅히 재통일되어야 한다는 주장으로 한국사회에서 오랫 동안 주도적인 통일담론의 자리를 지켜왔다. 국가주의적 담론은 통일이 되면 남한의 자본, 기술, 경제력과 북한의 자원, 노동력, 군사력이 시너지 효과를 발휘해서 더욱 강한 국가를 만들 수 있다는 주장으로 박근혜 정부의 '통일대박론'이 대표적이다. 인도주의적 담론은 정치적으로 억압받고 경제적으로 궁핍한 북한주민을 해방시키기 위해 통일을 이루어야 한다는 주장으로 북한의 인권문제나 이산가족 문제 해결을 우선적으로 해결해야 한다는 입장이다. 북한붕괴론을 기반으로 한 한국의 보수정권과 미국의 전통적인 대북정책 기조이기도 하다. 그러나 이러한 주장들은 각각의 측면에서 통일의 당위성을 강조하고 있기는 하지만, 다른 한 편으로 북한을 타자화시키고 대상화하는 위험을 안고 있으며 통일이라는 목적을 달성하기 위해 필요하다면 무력통일이나 흡수통일의 방식까지도 수단으로 용인할 준비가 되어 있는데 타자철학은 이러한 한계를 극복하기 위한 하나의 대안이 될 수 있다.

주디스 버틀러는 매체를 통해 누군가의 얼굴이 '악인의 얼굴'로 '재현'되는 과정을 비판적으로 분석한다. 그에 따르면, 미국은 '테러와의 전쟁' 기간 동안 빈 라덴이나 사담 후세인의 얼굴을 "극도로 왜곡된 인간의 얼굴"로서 "얼굴 자체, 눈과 악을 과장법으로" 이미지화해서, 그것이 도저히 인간다운 얼굴이라고 믿을 수 없게 만들었다. 이는 그들이 독재자나 테러리스트가 아니라는 의미가 아니라 매체에 의한 "얼굴의 생산"이 어떤 방식으로 만들어지는가 하는 것을 보여주고자 위함이었다. 주디스 버틀러는 이렇게 편향되어 재현된 특정한 얼굴 이미지가 악을 인격화한다고 비판한다. 이렇게 생산된 얼굴 이미지들은 "전쟁의 전리품이거나 전쟁의 목표"가 될 뿐이다(김혜령, 262-3). 우리는 북한에 대한 이러한 특정한 "얼굴의 생산"이 지금 미국이나 한국에 의해 진행되고 있지 않은지 성찰해 볼 필요가 있으며, 이는 미국이나 한국에 대한 북한의 이미지 생산의 경우도 마찬가지다. 즉, 주디스 버틀러에 따르면, 정치의 영역에서 타자와의 공존을 가능하게 하는 윤리적 책임은 서로에게, 양쪽 모두에게 있다. 그러나 그 책임은 더 힘 센 국가, 더 많은 것을 소유한 민족에게서부터 시작되어야 한다. 한반도 상황에서는 더 많이 가진, 더 많이 안전한, 더 많이 자유로운 미국과 한국으로부터 시작되어야 한다(김혜령, 281).

한편, 서구 언론 매체가 이미지화했던 것들 중에 '적의 얼굴'만 있는 것은 아니었다. 예를 들어, 미군이 탈레반 정권을 무너뜨리고 아프가니스탄에 입성했을 때, [뉴욕타임스] 1면은 부르카가 벗겨진 아프간 소녀들의 얼굴로 장식되었다. 주디스 버틀러에 의하면 이 얼굴도 일종의 생상된 얼굴이다. 더 나아가 특정한 얼굴을 보여주는 정치는 특정한 얼굴을 감추는 정치와 짝을 이룬다. 예를 들어, 이라크 전쟁에서 죽거나 참수된 미군들의 사진이나 미국의 폭격에 의해 죽거나 불구가 된 아이들의 사진들에 대해서 미국은 보도를 통제했다. 이는 이 사진들이 불러일으킬 정치적 효과(반전여론의 형성에 대한 두려움) 때문이었다(김혜령, 270-2).

물론, 너무 당연한 말이지만 타자철학이 오류가 없거나 반박이 불가능한 완전한 사상이라거나 혹은 분단과 전쟁의 트라우마를 지금도 겪고 있는 한반도 현실을 고려해 볼 때 이를 현실에 적용하는 데 있어 아무런 어려움이나 한계가 없다고 주장하는 것은 아니다. 그러나 여러 한계에도 불구하고, 타자철학이 한반도의 분단 현실을 극복하는 데 매우 중요한 역할을 할 수 있으리라 믿는다. 그리고 이는 당연하게도 어느 한 쪽에게만 일방적으로 요구되는 것은 아니다. 남북 정부 또는 남북 국민 모두가 상대방을 타자철학적 관점에서 새롭게 인식하고 행동할 때 한반도의 화해와 평화, 통일은 더디지만 확실하게 가까이 다가올 것으로 믿는다.

나가며

　정치철학과 국제정치는 어떠한 관계가 있을까. 보다 구체적으로 타자철학과 한반도 평화는 어떠한 관계가 있을까라는 질문에 대한 시론적 성격의 해답을 구해보고자 하는 것이 이 글의 의도였다. 두 가지 가능성을 생각할 수 있을 것이다. 첫째는 정치철학이나 사상이 사회사상과 국제관계이론을 경유해서 국제정치의 이슈에 답을 하는 경우이고, 둘째는 특정한 정치철학이나 사상이 국제정치의 주요이슈에 중요한 통찰력을 제공해 주거나 직접적인 답을 하는 경우일 것이다.

　또한 이 글은 타자에 대한 인식의 전환을 통해 국제정치와 한반도에서 새로운 공존가능성을 탐구해 보고자 하는 의도로 작성되었다. 타자철학을 그 시간과 공간을 현재의 한반도로 범위를 좁혀 생각해 본다면, 한반도의 평화와 번영을 위한 문재인 정부의 한반도평화프로세스가 그 목표를 제대로 이루지 못하고 좌초했고, 이후 윤석열 정부 이후 빠르게 후퇴하고 있는 지 이 시기는 우리에게 한반도의 화해와 평화라는 문제를 근본적으로 혹은 철학적으로 성찰할 수 있는 계기를 제공해 주지만, 이 성찰은 한 방향에서만 이루어져야 하는 것도 아니고 타자철학이 우리에게 직접적 해답이나 나아가야 할 길을 명확하게 제시해 주는 것도 아니다.

다만 이 글은 이 문제를 타자철학이라는 하나의 프리즘을 통해 들여다보고자 했을 뿐이다. 앞에서도 말했듯이, 타자철학 역시 사상적 한계와 이를 현실에 적용하는 데 있어서 제기되는 많은 문제점을 지니고 있다. 레비나스와 데리다, 들뢰즈 사이에서도 타자를 보는 관점에서 차이가 있다. 예를 들어, 레비나스는 여전히 주체성을 포기하지 않은 채 타인으로서의 타자에 대한 책임을 강조하지만, 데리다는 주체와 대상으로서의 타자를 동시에 해체시키려는 노력과 더불어 환대를 이야기하고, 들뢰즈는 주체와 타자의 이분법적 사고를 아예 존재론적으로 허물어뜨린다.

또한 이 글에서 언급된 철학자들의 상호비판을 포함해, 버틀러, 바디우, 지젝 등 많은 철학자들이 타자철학의 한계를 지적하기도 한다. 예를 들어, 레비나스의 철학은 자문화중심주의, 혹은 유럽중심주의의 성격을 가지고 있다(김정현, 2016: 121-146; 김정현,2017: 283-313). 그러나 이 글을 통해 한반도 평화에 대한 논의를 정치철학적 관점에서 성찰해 보는 하나의 출발점으로서 타자철학의 가능성과 의의를 긍정적으로 생각해 볼 수도 있을 것이다.

마지막으로 이 글은 담론적 실천의 중요성을 수용/인지하고 한반도 평화를 위한 담론적 실천을 모색하고 기여하고자 하는 의미도 지녔다. 그러나 이는 담론적 실천만이 유일하고 참다운 실천이라고 주장하는 것은 물론 아니다. 담론적 실천이 다른 실천행위들을 대체할 수는 없다. 특히 한반도의 화해와 평화, 통일을 위해서는 다양한 층위에서, 그리고 다양한 부문에서의 실천활동이 반드시 필요하고 중요하다는 것은 두 말할 나위가 없다. 그러나 그러한 실천에 못지 않게 담론적 실천도 중요하다는 점을 강조하고 싶다. 이는 담론이 갖는 수행성에 대한 여러 연구결과도 잘 보여주고 있다. 한반도의 화해와 평화, 번영과 통일에 이 글이 조금이라도 보탬이 되었으면 하는 바람과 더불어 글을 마친다.

참고문헌

강남순, 『데리다와의 데이트: 나는 애도한다, 고로 존재한다』, 행성B, 2022.

강영안, 『타인의 얼굴: 레비나스의 철학』, 문학과지성사, 2005.

김남국, 『문화와 민주주의』, 이학사, 2019.

김원식, 「한반도 평화 담론의 쟁점과 과제」, INSS 연구보고서 2020-5, 국가안보전략연구원, 2020.

김정현, 「레비나스와 유럽 중심주의: '의미화의 의미'를 중심으로」, 『철학논총』 제85집, 새한철학회, 2016.

김정현, 「타자의 철학자와 자문화 중심주의」, 『레비나스 철학의 맥락들』, 강영안 외 저, 그린비, 2017.

김학성, 『한반도 평화체제에 대한 이론적 접근: 현실주의, 자유주의, 구성주의의 비교』, 통일연구원 연구총서, 2000.

김현경, 『사람, 장소, 환대』, 문학과 지성사, 2015.

김혜령, 「레비나스 얼굴 윤리학의 진보적 수용: 주디스 버틀러의 '적의 얼굴을 향한 정치 윤리학'」, 『레비나스 철학의 맥락들』, 강영안 외 저, 그린비, 2017.

데리다 자크, 『마르크스의 유령들』, 진태원 역, 그린비, 2014.

들뢰즈 질, 『차이와 반복』, 김상환 역, 민음사, 2004.

레비나스 에마뉘엘, 『시간과 타자』, 강영안 역, 문예출판사, 1996.

레비나스 에마뉘엘, 『전체성과 무한』, 김도형 외 역, 그린비, 2018.

문성원, 『해체와 윤리: 변화와 책임의 사회철학』, 그린비, 2012.

박영욱, "데리다: 보편성을 넘어 정의로," 『포스트모던의 테제들』, 연구모임 사회비판과대안 편, 사월의책, 2012.

박정태, "들뢰즈: 존재론적 실천 원칙과 정치", 『포스트모던의 테제들』, 연구모임 사회비판과대안 편, 사월의책, 2012.

서동욱, 『타자철학: 현대 사상과 함께 타자를 생각하기』, 반비, 2022.

장문석, 『민족주의 길들이기: 로마 몰락에서 유럽 통합까지 다시 쓰는 민족주의의 역사』, 지식의풍경, 2007.

조광제, 『현대철학의 광장: 사유의 광장에서 24인의 철학자를 만나다』, 동녘, 2017.

콜브룩 클레어, 『들뢰즈 이해하기』, 한정헌 역, 그린비, 2007.

포웰 제이슨, 『데리다 평전: 순수함을 열망한 한 유령의 이야기』, 박현정 역, 인간사랑, 2011.

5장

용서, 그 긴 여정:
기독교 평화주의 관점에서
본 동북아 화해

허 현(Reconciliasian)

들어가며[1]

제가 어릴 적 어머니는 안방에서 가족들과 함께 밥상에 앉아 식사를 한적이 없었습니다. 삼촌, 고모들과 심지어 가정부 누나까지도 함께 한 대가족 밥상이었습니다. 늘 부엌에서 혼자 쭈구리고 앉아 밥을 물에 말아서 들이키는 어머니가 이상했지만, '부엌일이 바쁘시겠지'라고 생각했습니다.

스무살이 넘은 어느날, 그 이유를 알게되었습니다. 제가 태어나기 석달 전, 할아버지께서 사고로 돌아가셨는데, 당시 불교와

---

1 이 글은 동북아 특히 한반도 화해에 관한 신학에세이 형식을 취합니다. 한반도 평화를 어떻게 구축해 갈 것인가에 관한 생각을 모으는 긴 여정에 정치학이나 신학 논문을 통해 기여할 수도 있겠지만, 대중적인 접근도 필요하다는 것에 공저자들의 생각이 모아졌습니다. 그래서 이 책의 다른 논문들과는 다른 형식의, 그러나 같은 취지의 글을 기고하게 되었습니다.

샤머니즘의 혼합종교를 믿던 우리 집안에게 객사(客死)는 저주를 의미하는 것이었습니다. 무당을 불러 굿을 했는데, 예수믿는 며느리가 들어와 저주를 받았다고 했답니다.

집안에서 유일한 크리스챤이었던 어머니는 그 이후로 할머니와 고모들에게 온갖 육체적 정신적 핍박을 모질게 받았는데, 2월에 제 동생 출산후 산모방에 불을 안때줘서 마실 물이 꽁꽁 얼기도 했다고 합니다. 그러한 핍박들 중 하나가 밥상에서 함께 식사하지 못하는 것이었습니다.

제가 예닐곱 살 때 쯤이었습니다. 새벽에 화장실을 가다가 2층에서 들려오는 이상한 소리에 끌려 올라갔더랬습니다. 어머니가 기도를 하고 계셨는데, 식구들 이름 하나 하나 불러가며 축복하고 예수 믿게 해달라는 내용이었습니다. 이유는 모르겠지만 가족들이 어머니를 싫어한다는 것을 눈치로 알고 있었기에 어머니의 그러한 기도가 얼마나 이상했던지, 아직도 그 목소리와 내용이 기억날 정도 입니다.

제가 초등학교 4학년이 되었을 때, 남편을 일찍 여의신 집안의 왕할머니들이 어떤 일을 계기로 단합해 집안 식구 대부분이 교회를 다니게 되었습니다. 그 후로 할머니는 이름도 용 용(龍)자를 빼고 거룩 성(聖)자를 넣어 바꾸시고, 집사 임직도 받으셨지만, 어머니에게 한 번도 미안하다는 말씀을 하신 적이 없었습니다.

그러던 중 할머니께서 쓰러지셔서 돌아가시기 전 2년 동안 어머니가 수발을 들어야 했습니다. 대소변을 받아내고 씻기는 일은 쉬운 일이 아니었고, 저와 제 동생은 할머니 방 냄새를 견디지 못해 마스크를 쓰고 들어가고는 했습니다. 어머니는 환자가 마음 상하신다고 마스크 없이 들어가서 수발을 들었습니다.

그러던 어느 날, 잠깐 할머니를 방문하고 다녀가는 사람들이 할머니만 같으면 자기도 얼마든지 병수발 하겠다는 말같지도 않은 말을 어머니에게 던지고 갔습니다. 그날 어머니는 할머니의 용변을 치우다가 자신의 처지에 분통이 터졌습니다. 그래서 할머니에게 소리를 지르며 '도대체 나한테 왜 이러시는 거냐'고, '왜? 내가 도대체 뭘 잘못 했길래 긴긴 세월 날 이렇게 괴롭히는 거냐'고 따졌다고 합니다.

한참 소리를 지르며 원망을 하는데, 벽에 걸려 있는 달력에 써 있는 사도행전 16:31의 "주 예수를 믿으라 그리하면 너와 네 집이 구원을 얻으리라"는 말씀이 눈에 들어왔습니다. 그 구절은 오래 전 어머니가 가족들 위해 기도하면서 읊조렸던 그 말씀, 제가 어릴 적 들었던 그 기도의 내용이었습니다. 어머니는 그 자리에서 엎드려 할머니께 사과했습니다. '어머니, 하나님께서 제 기도에 응답해 주신 걸 까맣게 잊고 어머님을 원망해 죄송합니다.' 그 때 할머니가 처음으로 어머니에게 사과를 했습니다. '미안해요… 미안해요… 미안해요…' 할머니와 어머니는 서로 안고 20년 응어리진 마음을 눈물로 씻었습니다. 얼마 뒤 할머니는 영면하셨습니다.

용서와 화해는 긴 여정입니다

　용서와 화해는 성서를 가로지르는 핵심 주제이며, 우리 시대에 다시 발견되어야 할 복음의 영역입니다. 이 글을 통해 그러한 용서와 화해의 복음이 동북아 안에서 어떤 정치적 가능성을 갖고 있는지 기독교 평화전통의 관점에서 간략하게 제시하려고 합니다.

　제 할머니와 어머니는 다행히도 화해를 할 수 있었습니다. 하지만, 할머니의 사과도, 어머니의 용서도, 그리고 쌍방이 서로를 향해 다가가 치유와 관계 회복을 이루어가는 화해의 과정에 들어가는 것도 거의 기회를 놓칠 뻔 했습니다. 많은 깨어진 관계들이 가해자의 사과, 피해자의 용서, 그리고 치유와 관계 회복을 이루어가는 화해의 과정에 발도 들여놓지 못한 상태로 끝나게 되는 것을 봅니다. 이것은 용서와 화해에 대한 잘못된 이해에 기인하는데, 용서와 화해가 도덕적 딜레마와 윤리적 질문을 제기하기 때문입니다.

〈모든 용서는 아름다운가: 용서받을 자격과 용서할 권리에 대하여〉[2] 라는 책에서 시몬 비젠탈은 용서에 대한 근본적인 질문을 던집니다. 2019년 개정판은 1부와 2부로 되어있는데, 해바라기라는 제목의 1부의 내용은 시몬 비젠탈 자신의 이야기 입니다. 2차대전 당시 유대인 학살에 가담했던 나찌 SS 군인이 부상을 입고 죽어가면서 자신을 용서해 달라고 생면부지의 유대인 시몬에게 요청합니다. 시몬은 자신은 용서를 할 자격이 없다며 그 군인이 죽어가면서 잡은 손을 뿌리칩니다. 이후로 시몬은 자신이 한 행동이 옳았던 것인가 계속해서 고민하게 되고, 그렇게 그의 이야기는 답이 아닌 질문으로 끝납니다. 보니 V. 페터만은 서문에서 이 책이 독자들에게 던지는 용서에 대한 근본적인 질문들을 정리해 줍니다:[3]

---

2 시몬 비젠탈, 모든 용서는 아름다운가: 용서받을 자격과 용서할 권리에 대하여, 박중서 역(파주: 뜨인돌, 2019).

3 같은 책, 12. 이에 더하여 책의 표지에는 다음 몇 가지 질문이 더해 지는데, 이러한 질문들은 보다 더 용서의 핵심에 접근하도록 돕습니다: 과연 용서의 한계란 무엇일까? 그것은 종교적이거나 세속적인 차원에서의 참회만으로도 가능한 것일까? 누군가를 용서하되 결코 잊지 않는다는 것이 가능할까? 어떻게 해야 희생자들 각자가 과거와 화해하며, 그 과정에서 각자의 인간성과 윤리를 사수할 수 있을까?

- 상부가 내린 명령에 충실하게 따름으로써 범죄를 수행한 하사관이나 익명의 개인에 대해서는 무엇이라 해야 하는가?
- 당시에 만연했던 정치적 이데올로기에 의해 각자의 판단력을 잃고 범행을 강요받은 일반인들, 또는 본인의 행동을 결코 후회하거나 인정하지 않는 극소수에 대해서는 무엇이라 해야 하는가?
- 권력자가 강요하는 비윤리적인 행동을 거역할 경우에 감당해야 할 커다란 위험이 있는데도 기꺼이 저항한 영웅적인 개인을 우리는 찬미하지만, 과연 그 반대 경우에 대해서는 무엇이라 해야 하는가?
- 학살이 끝난 후에, 그 희생자가 될 뻔했던 사람이 좀 전까지만 해도 불구대천의 원수였던 다른 사람들과 평화롭게 어울려 살아갈 수 있겠는가?

심포지엄이라는 제목의 2부는 시몬의 이야기에 대한 각계 인사 53명의 각기 다른 응답들로 채워져 있습니다. 그 만큼 우리가 용서에 대해 던지는 질문들과 그것을 이해하는 길들이 다르다는 것이겠지요. 이러한 질문들은 용서의 필요성과 정의의 필요성 사이의 균형을 잡기 위한 다양한 관점들을 반영하면서, 독자인 우리에게도 답을 요구합니다. 이에 답하기 위해서는 먼저 용서에 대해 우리가 오해하고 있는 것들을 생각해 보아야 합니다.

용서가 일방적이지 않은, 피해자와 가해자 상호간에 일어나야 하는 '긴 과정'임을 간과했을 때 흔히 생기는 오해들이 있는데요, 노먼 크라우스는 다음과 같이 설명합니다[4]:

4 C. Norman Kraus, Jesus Christ Our Lord: Christology from a Disciple's Perspective (Scottdale: Harald Press, 1987), 238-239.

1) 용서는 용서를 받는 사람이 운좋게 경험한 임의적이거나 즉흥적인 자비 행위가 아닙니다. 이러한 사면은 받는 사람의 도덕적 반응을 요구하지 않습니다.

2) 용서는 용서받은 사람에게 새로운 요구나 부담을 지우는 이기적인 자비가 아닙니다. 이러한 사면 행위는 가해자와 피해자 사이의 관계를 근본적으로 변화시키지 않습니다.

3) 용서는 잘못을 용인하는 것과는 다릅니다. 관용은 일종의 허용으로, 무관심의 결과인 경우가 많습니다. 관용은 원인을 다루지 않고 잘못을 간과합니다.

4) 용서는 잘못에 대한 면죄부나 변명과 다릅니다. 그러한 변명은 일반적으로 잘못을 저지를 때 따르는 죄책감을 심리적으로 부정하고 수치심을 회피하는 것입니다.

5) 기독교적 용서는 단순히 잘못에 따른 법적 처벌에 대한 어떤 면역성을 만들어 내는 것이 아닙니다. 상황에 대한 근본적인 변화가 없는 무죄판결은 오히려 범죄의 재발을 불러올 수 있습니다.

용서는 결단이며 동시에 과정이고, 근본적인 변화 없는 무죄판결이나 용인, 그리고 면죄부가 아니라는 크라우스의 설명을 듣고 있자니, 이러한 용서에 대한 오해는 개인적인 차원에만 머무는 것이 아니라 한국교회를 거쳐 현재 한국 내 정치상황과 동북아에서 일어나고 있는 국제관계에까지도 이른다는 것을 알 수 있습니다.

최근 이음사회문화연구원이 의뢰하고㈜지앤컴리서치가 조사한 〈우리 사회의 갈등 용서 화해에 대한 기독교인 인식 조사〉는 용서에 대한 설명으로 가장 많은 사람들이 '용서는 마음으로부터 나를 자유롭게 하는 행위이다'(43.5%)를 선택했다고 보고합니다. 두번 째는 '용서는 하나님이 내 죄를 사해주신 은혜에 대한 마땅한 행동이다'(29.5%)인데, 둘을 합치면 70%의 한국 기독교인들이 용서를 어떤 단번의 행위로 오해하고 있다는 것을 알 수 있습니다. 23%의 사람들만이 '용서는 폭력과 갈등을 멈추고 화해를 이루는 것이다'라고 했는데, 이는 용서를 화해를 향해 움직여 가는 과정으로 인식한다고 할 수 있을 것입니다.[5]

2023년 4월 "일본이 100년 전 역사 때문에(용서를 구하며) 무릎을 꿇어야 한다는 생각을 받아들일 수 없다"[6]는 한국 대통령 윤석열의 발언이나 박유하가 〈화해를 위해서〉[7]에서 제시한 기계적 중립 관점에서 본 한국과 일본의 화해는 용서와 화해에 대한 전형적인 오해에 기인합니다. 앨버트 노울런은 그러한 오해들을 다음과 같이 지적합니다:

> 갈등 중 한쪽을 편들지 않을 수 없는 경우가 분명히 있다. 그러나, 화해, 용서, 평화를 믿는 그리스도인의 신앙에 있어서는 어떠한가? 어느 한쪽을 편들지 않고 싸우는 양쪽을 화해시켜야 한다는 보편적인 믿음을 어떻

---

5 이음사회문화연구원, 갈등과 용서에 대한 개신교인 인식 조사 결과 보고서, (서울: 연구 프로젝트 용서와 화해 그리고 치유, 2024), 117

6 배지현, "윤 "100년 전 일로 일본 무릎 꿇으란 생각 동의 못 해", 한겨레인터넷신문, 2023년 4월 25일. https://www.hani.co.kr/arti/politics/politics_general/1089177.html

7 박유하, 화해를 위해서 (서울: 뿌리와이파리, 2015), 10, 240.

게 평가할 것인가? 이 믿음은 화해에 대한 오해에 기인한다. 어떤 사람들은 "우리는 공정해야만 한다. 양쪽 말을 다 들어보아야 한다. 만일 우리가 사람들로 하여금 서로 터놓고 말을 하여 오해를 없앨 수 있게 해 준다면 갈등은 풀어질 것이다."라고 말한다. 이 말은 겉으로 들을 때 대단히 기독교적인 것 같다. 공평과 정의에 대한 순수한 관심 같다. 그런데, 이 말이 어디가 틀렸단 말인가?

첫째로, 화해를 모든 종류의 갈등에 적용시켜야 하는 절대적인 원칙으로 여긴다는 것이다. 이 원칙을 적용시킬 수 있는 싸움의 대표적인 예는 피차 오해로 말미암아 상대방을 이해하려고 하지 않고 싸우는 두 사람의 개인적인 다툼 같은 것이다. 그러나 모든 갈등이 다 그와 같은 것은 아니다. 어느 한 쪽이 불의하고 억압적이며 다른 쪽이 불의와 억압으로 고통을 겪는 그런 싸움도 있는 것이다. 그런 싸움이 벌어지고 있는 현장에서 합의를 모색하며 한 쪽을 편들지 않는 것은 그 자체가 명백히 옳지 못한 일이다. 그리스도인들이 해야할 일은 선과 악, 정의와 불의를 화해시키는 것이 아니라 악과 불의와 죄를 물리치는 것이다.

둘째로, 인간이 모든 갈등 속에서 중립적일 수 있다고 보는 오류. 실제에 있어서는 중립이 그렇게 늘 가능한 것이 아닐 뿐더러 불의와 억압으로 인한 갈등 속에서 중립을 지킨다는 것은 전적으로 불가능하다. 만일 우리가 억눌림 받는 자들의 편을 들지 않는다면, 일부러는 아니라 해도 억누르는 자의 편을 드는 것이다. 왜냐하면, 그렇게 함으로써 현상유지를 가능하게 하기 때문이다.

셋째로, 그리스도인은 언제 어디서나 싸움이 있을 때 "중간노선"을 택해야 한다는 일반론은 긴장과 갈등이 불의나 억압보다 더 나쁜 악이라는 생각을 내포하고 있는 것이다. 이것 또한 억눌림을 받는 자들에 대한 동정심의 결핍에서 오는 잘못된 가정이다. 갈등과 대결을 두려워하는 자들은 비록 그것이 비폭력일 경우에라도 변화의 필요성을 확신하지 않는 자들이다. 그들의 몸조심 속에는 미래에 대한 비그리스도적인 비관이 숨어있다. 그리고 그것은 희망의 결핍이기도 하다. 그것이 아니라면 그들은 불의와 갈등이 빚어지고 있는 현장에서 도망치려는 마음을 합리화시키는데 화해라는 그럴듯한 말을 이용하고 있는 것이다.[8]

노울런은 중립을 지키는 것과 중재자가 되는 것(Go-between)의 차이에 대해 오해하고 있으며, 중재자의 역할을 단순히 개인간(inter-personal) 영역으로 축소시켜 이해하고 있습니다. 특히 화해에 대한 이해에 있어서는 모든 죄인들과 화해하시려는 하나님의 사역이 내포하는 의미를 제대로 반영하지 못하고 있는 것처럼 보입니다. 그럼에도 불구하고 그가 제시한 '기계적으로 중립에 자신을 위치시키는 그리스도인들'에 대한 그의 비판은 타당합니다. 화해를 위해서 서로에 대해 더 알아가야 한다는 박유하의 주장에 동의하지만, 그녀 자신이 중간자 혹은 경계인의 자리를 자처하고 있음에도 이미 피해자 중심의 사고보다는 피해자가 가해자를 이해해야 한다는 사고에 경도되어 있다고 보입니다.

제임스 콘도 〈눌린자의 하나님〉에서 가해자가 화해와 용서를 권리처럼 이야기 하는 것에 대한 문제점을 지적합니다:

흑인 공동체를 파괴하려는 사람들에게 대항해서 흑인들이 자기 자신을 방위할 권리를 강조하면 소위 백인 기독교인들은 틀림없이 이런 질문을 던

---

8 Albert Nolan, "Taking Sides", *Scarboro Missions Magazine* Vol. 71, no.2 (1990): 4-7

지게 마련이다. "화해에 관한 성서의 교리는 고려하지 않는가?" "기독교적 용서는 어떻게 하고?" "흑인들은 마음 속으로 우리를 용서할 수 없는가?" 이런 물음을 묻는 백인들은 흑인들이 기분 나쁜 표정으로 등을 돌린다고 해서 놀랄 필요가 없다. 문제는 화해와 용서에 관한 물음 자체에 있는 것이 아니라 그것을 묻는 사람들에게 있기 때문이다. 폭력에 관한 물음의 경우처럼 색깔을 기준으로 사회에 경계선을 그은 것이 우리 흑인이거나 한 것처럼, 이 물음도 언제나 백인들에 의해서 흑인들을 향해서 던져진다. 적의와 인종 차별과 증오의 담벼락을 쌓아 올린 바로 그 사람들이, 세력의 균형을 변화시키지 않으면서 희생자들이 용서하고 잊어버릴 수는 없느냐고 묻는다. 그들은 우리가 그들에 의해서 눌리고 있고 학대를 받고 있는데도 우리가 그들에게 대해서 앙심을 품고 있는지 또는 우리가 아직도 그들을 사랑하고 있는지를 알고 싶어한다. 계속 우리를 억압하면서도 우리가 자기들을 거부하면 흥분하는 그런 사람들에게 우리는 무슨 말을 할 것인가?[9]

이것은 단지 흑인-백인의 관계에서 만이 아닙니다. 많은 경우 권력과 관계된 피해자-가해자의 관계에서 원리적 삶을 요구 받는 쪽은 피해자 혹은 약자인 경우가 많습니다. 이러한 경우 피해자에게 "용서하고 화해하라" 만큼 폭력적인 말은 없습니다. 같은 맥락에서 위에서 언급된 용서와 화해에 대한 윤석열과 박유하식 접근의 문제점은 이들이 가해자를 대변하는 것 같은 자세를 취하기 때문입니다. 한국 안에서 특히 교회에서 일어나는 이러한 일련의 화

---

9 제임스 콘, 눌린자의 하나님 (이화여자대학교, 1987), 300.

해와 용서의 레토릭들은 비젠탈의 탄식을 상기시킵니다.

> 하지만 그보다 훨씬 전부터 여러 성직자들과 박애주의자들과 철학자들이
> 나치를 용서하자고 전 세계를 향해 탄원하고 있었다. 이러한 이타주의자
> 들 가운데 대부분은 남에게 뺨 한번 맞아 본 적도 없는 주제에, 수백만의
> 무고한 사람을 죽인 살인자들을 동정하고 있는 것이다. 성직자들은 그러
> 한 죄인들이 결국에는 하느님의 심판을 받을 것이라면서, 그러니 지상에
> 서의 심판은 그냥 면제해 주어도 무방하다고 주장했다. 이것이야말로 나
> 치의 책에 나왔던 주장 그대로였다. 하지만 나치가 하느님을 두려워하지
> 않는 이상, 그들이 하느님의 심판 따위를 두려워할리는 없었다. 오히려
> 그들이 두려워하는 것은 다름 아닌 이 지상에서의 심판이었다.[10]

이와 대조적으로 이스라엘과 독일은 용서와 화해가 지속적인
과정임을 인지하고 있는 것 같았습니다. 물론 지금의 이스라엘은
나찌에게 당했던 것과 같은 학살을 팔레스타인에게 하고 있다는 측
면에서 그러한 용서와 화해의 과정이 제대로 진행된 것인지에 대해
서는 상당히 회의적이긴 합니다. 나중에 트라우마 부분에서 이야기
하겠지만, 용서와 화해의 긴 과정에는 트라우마 치유가 반드시 필
요한 일례가 될 수 있겠습니다.[11] 존 폴 레더라크는 갈등, 용서, 화
해에 장기적 관점으로 접근하는 것의 필요성을 강조합니다.

---

10 시몬 비젠탈, 같은 책, 138-139.
11 옥기원, ""끊임없는 사과, 기억, 행동…" 독일-이스라엘 대사가 말한 화해
의 길", 한겨레인터넷신문, 2019년 1월 21일. https://www.hani.co.kr/arti/
international/international_general/879426.html

"갈등을 진행으로 보는 관점은 시간을 다시 생각하게 만드는 일련의 렌즈를 제공한다. 이런 렌즈는 우리로 하여금, 전쟁으로 인해 발생한 인도적 재난이 단기적으로 생명을 구하기 위한 긴급조치를 요구한다는 것뿐만 아니라, 장기적 국면의 갈등에서의 성급한 해결책은 지속 가능한 과정 또는 갈등 해소를 이끌어 내지 못한다는 점을 볼 수 있도록 한다. 좀 더 구체적으로, 이는 질병이나 굶주림을 완화시키고 휴전을 성취하는 것을 성공으로 간주하는 위기 중심의 갈등 대응은 반드시 관계 및 신뢰 구축, 사회 변화의 설계 및 준비라는 좀 더 장기적이고 어려운 과제의 맥락에서 수행되어야 한다는 점을 알게 해준다."[12]

12 존 폴 레더라크, 평화는 어떻게 만들어지는가: 지속가능한 평화구축을 위해 (서울: 후마니타스, 2012), 117.

용서란 무엇일까?

그렇다면, 용서란 무엇일까요? 풀러신학교의 데이빗 옥스버거 교수는 용서를 다음과 같이 설명합니다: "용서는 가해자와 피해자를 모두 포함하는 과정으로, 가해자가 요청하고 피해자가 허락할 때 발생하며, 일방적인 것이 아니라 적절한 상호성 속에서 양측이 소유, 이동, 변화, 해방, 치유, 과거 구속, 현재 갱신, 보다 정의로운 관계로의 미래 개방을 인정할 때 이루어집니다."[13]

로버트 J. 슈라이터도 트라우마와 용서의 관계를 설명하면서 용서가 과정과 결단 모두를 포함하는 것이라 주장합니다:

---

13 David Augsburger, *Conflict and Conciliation* course material (Pasadena: Fuller Theological Seminary, 2009).

인간의 용서는 과정과 결단 모두를 포함한다. 그 과정은 과거의 힘에서 해방되는 과정이다… 거의 모든 사람에게 있어서 과거에서 벗어나는 것은 많은 세월을 필요로 하는 어려운 일이다… 사회적인 정신적 외상의 경우들에 있어서는 여러 해가 걸리며, 때로는 몇 십년이 걸리기도 한다. 심지어 그 때에도 정말로 과거에서 벗어나는 것은 그렇게 정신적 외상을 입힌 과거를 직접 경험하지 않은 젊은 세대에서만 가능할지도 모른다… 비록 과거의 힘에서 벗어나는 과정이 완료되었다고 하더라도 용서하는 것은 여전히 의식적인 결정이 필요하다.[14]

강남순도 자끄 데리다를 통해 용서를 여정으로 이해하고 우리가 불완전하고 유한한 존재이지만 완전하고 무조건적 용서를 향해 나아가도록 도전합니다:

용서에는 완결점이 없다. 진정한 사랑에 완결점이 없는 것과 마찬가지다. 진정한 용서란 한 발자국씩 발걸음을 떼어놓는 여정이다. 모든 인간이 불완전하고 유한한 존재라는 사실은, 우리가 지향하고 실천하려는 가치들을 '완전히' 또는 '온전히' 실천할 수 없다는 것을 의미한다. 하지만 정의 사랑 평화 평등 연대 우정, 그리고 용서 같은 인류 보편 가치의 완전한 실현은 언제건 다가올 일이다. 달력에 있는 직선적 시간의 의미에서 미래에 실현된다는 것이 아니라, 그 실현성이란 면에서 결코 인간이 다가갈 수 없다는 의미다. 그러기에 용서는 언제나 용서의 여정으로 이해해야

---

14 로버트 J. 슈라이터, 화해의 사역: 영성과 전략, 임상필 역, (서울, 한국장로교출판사, 2004), 90. 그러면서 그는 용서하려는 결정의 순간에 이르렀다는 것이 의미하는 것은 첫째, 과거로부터 해방되었다는 것과, 둘째, 손상된 인간성이 어느 정도 치유되었다는 것, 그리고 셋째로, 다른 종류의 미래를 이룩하기 위해 노력하겠다는 약속이라고 설명합니다.

한다. 여정으로서의 용서는 끊임없이 더욱 완전한 용서, 더욱 무조건성에 가까운 용서를 생각하고 그것을 향해서 나아갈 것을 상기시킨다. 유한하고 불완전한 인간으로서, 우리는 스스로와 주변 사람들을 포용하고 용서하는 발걸음을 한 걸음씩 떼어 앞으로 나아갈 수 있어야 한다. 그것이 용서가 언제나 여정인 이유이며, 그 여정 속에서 우리는 조금씩 용서의 실천을 확장할 수 있을 것이다.[15]

옥스버거 역시 진정한 용서는 일방적인 용서에서 상호간의 용서를 포함한 화해를 향해 움직여 가는 과정이라고 말합니다. 용서한다거나 용서 받았다는 말 한마디로 끝나는 것이 아닌 지속적인 과정 속으로 들어간다고 보는 것이 용서에 대한 더 정확한 이해가 될 것입니다. 여기서 자연스럽게 용서와 화해의 관계는 무엇인가 하는 질문이 생기게 됩니다. 애덤 모턴은 그의 책 "잔혹함에 대하여"에서 용서와 화해의 관계를 다음과 같이 설명합니다:

화해는 용서가 아니다. 화해의 목표는 그보다 더 심층적이다. 누군가의 행동을 용서한다는 것은 그 행동을 대수롭지 않게 여기고 마치 아무 일도 없었던 것처럼 행동하겠다는 뜻이다. 이상적인 용서는 진정한 참회가 있고 나서야 이루어진다. 잘못을 한 사람이 먼저 자신의 잘못을 깨닫고 다시는 그런 행동을 반복하지 않을 것처럼 변화해야 한다. 그런 참회가 있은 뒤에야 그 사람의 과거 모습을 잊고 다시 그와 어울릴 수 있다. 말하자면 '용서하고 잊기', 또는 더 현실적으로 말해서 용서하고 잊으려 애쓰는 모습을 보여주기가 가능해지는 것이다. 그렇지만 용서될 수 없는 행동들

15 강남순, 용서에 대하여: 용서의 가능성과 불가능성 (파주: 동녘, 2017), 249-250.

이 많이 있다. 홀로코스트를 저지른 나치를 용서하겠다고 주제넘게 나설 사람은 없을 것이다. 그럴 일은 없겠지만 유대인 민족을 대표해 이스라엘이 그런 선언을 하더라도 속임수에 지나지 않을 것이다. 아무도 그 말을 믿지 않을 것이며, 그 속임수의 의도는 혐오스러울 것이다. 홀로코스트는 인류가 언젠가 기억에서 지워야 할 사건이 아니며, 그런 일이 없었던 양 덮어둘 수 있는 사건도 아니다. 아렌트를 비롯한 여러 사람들이 지적한 우려스러운 역설이 하나 있다. 즉 어떤 행동은 용서할 수 없을 뿐만 아니라 그 가해자가 저지른 일에 상응하는 처벌 방안을 찾을 수 없기 때문에 처벌할 수도 없다는 것이다.

화해는 다르다. 화해는 행위가 아닌 사람과 하는 것이며, 그 행위가 벌어지지 않았다는 듯이 눈감아주는 것도 아니다. 사람과 화해한다는 것은 그를 미래의 공동 기획에서 협력할 수 있는 사람으로 받아들이며, 협력을 불가능하게 할 수도 있을 적대감이나 모욕감을 밀쳐둔다는 것이다. 화해는 특히 처벌과 복수의 욕구를 포기하는 일이다. 그 사람이 잘못을 저질렀다는 생각을 떨쳐 버리거나 그에게 친밀감을 느낀다는 의미가 아니다. 다만 그를 같은 인간으로, 제한적이나마 미래를 함께 구상할 수 있는 사람으로 인식하는 것이다. 악에서 회복되는 것이 공동의 미래 기획에서 가장 중요한 사안일 때, 화해하려는 사람들이 사회적 상처를 치유하거나 각자가 개인의 삶을 영위하도록 협력할 수 있을 때 화해의 가능성은 어느 때보다 높아진다.[16]

애덤 모턴은 용서와 화해의 차이를 그 대상이 행위인가 사람인가로 나누면서, 화해는 가해자의 책임이수와 상관 없이 가능한 것

---

16 애덤 모턴, 잔혹함에 대하여: 악에 대한 성찰, 변진경 역, (파주: 돌베개, 2015), 207-208.

으로 설명합니다. 하지만, 용서와 화해의 긴 여정에 자신을 집어넣는 과정으로 분명히 인지하고 있는지는 확실하지가 않습니다. 데이빗 옥스버거 교수는 이 점에서 좀 더 명확합니다. 그는 이러한 용서를 지나 화해로 가는 과정에 네 가지 선택지가 있으며, 넷중 하나의 선택/결정으로 끝나는 것이 아니라 이들은 종종 화해를 향해 단계를 밟아가는 과정이 되기도 한다고 설명합니다[17]:

1) 부인(Denial): 가해자와 피해자 양쪽 모두 일어난 사건에 대해 부인하거나, 회피 또는 간과합니다. 피해자만 아픈 상처를 부여잡고 표현도 못하고 있는 경우들도 많습니다. 사건 자체를 부인하기 때문에 화해의 과정은 시작도 되지 못합니다. 여기서는 문제를 일으키지 않는 것이 용서라고 이해됩니다.

2) 보복(Revenge)의 단계: 가해자는 상처를 준 만큼 고통을 받아야 하며, 일방적인 회개와 전적인 보상을 해야만 용서를 받을 수 있다는 생각에 사로잡히고 그 방향으로 움직여 가게됩니다. 이 단계에서는 용서가 힘과 심판의 관점에서 이해됩니다.

3) 용서(Forgiveness)의 단계: 가해자가 잘못 인정, 회개, 보상의 반응을 보이지 않더라도 피해자가 용서하기로 선택합니다. 모든 것이 피해자에 의해서만 진행됩니다. 무조건적인 용서라고 할 수 있을 것입니다.

4) 진정한 화해(Authentic Reconciliation): 피해자와 가해자 모두 화해를 위해 기여합니다. 양쪽 모두 합당한 회개를 하고, 적합한 보상이 이루어지며, 더 나은 미래의 관계를 기약합니다.

---

17 David Augsburger, Ibid.

옥스버거가 제시하는 이러한 단계 구분을 통해 용서와 화해를 하나의 긴 여정 가운데 위치시킬 때, 용서와 화해에 대한 우리의 이해는 진정한 정의, 곧 '마땅히 그러해야 할(what ought to be)' 관계의 회복이라는 새로운 차원으로 변하게 되고, 궁극적으로 이 둘은 서로 이음동의어가 됩니다. 그러기에 이 글에서는 용서와 화해를 함께 혹은 혼용해서 사용하고 있습니다.

이러한 용서와 화해의 여정을 걸어가는데 있어서, 각 당사자가 서로가 원하는 것을 인정하고 상대방과 관계를 시작하려는 의지가 필요합니다. 가해자는 다른 사람들이 자신의 안전에 대한 확신과 도덕적 가치에 대한 확인을 필요로 한다는 사실을 충분히 인식하고, 피해자는 격렬한 분노가 행복을 방해한다는 사실과 가해자가 이를 끝내고자 한다는 사실을 받아들여야 합니다.

또한, 피해자의 용서가 가해자에게 의미를 가지려면 가해자 앞에는 수행해야 할 세 가지 과제가 놓이게 됩니다. 먼저, 가해자는 잘못을 부인하면서 그것이 정당했다고 주장하는 것을 내려놓아야 하며; 둘째는, 자신의 잘못으로 인해 발생한, 다른 사람이 부담해야 했던, 부당한 피해를 책임지는 행동을 수행하며; 셋째는, 공동체 안의 다른 사람들로부터 '잘못이 반복되지 않을 것'이라는 신뢰를 회복할 수 있는 전략적 행동을 기꺼이 취해야 합니다. 피해자가 용서의 핵심 주체이지만, 잘못이나 범죄로 인해 직접 피해를 입지 않은 사람들도 그 사건의 발생으로 인해 분노와 내적 혼란을 경험할 수 있습니다. 따라서 가해자는 직접적인 피해자 뿐만 아니라 가해로 인해 간접적인 피해를 입은 다른 사람들에 대해서도 용서를 구해야 합니다. 이렇게 깨어진 관계 회복을 위해 어떤 피해가 일어났는지 인정 및 확인하고, 피해자-가해자-공동체 모두가 회복을 위해 힘써야 한다는 것이 회복적 정의와 맥을 같이 합니다.

세월이 한 참 지난 후에 어머니는 제게 그 때를 회상하면서 이렇게 말씀하셨습니다. '얘 현아, 용서를 하고 나니까, 할머니를 닦으려고 들어 올리는데, 그 바위 같이 무겁던 분이 깃털 같이 가벼운 거 있지.' 어머니의 이 고백은 가해자를 용서한 대부분의 사람들에게서 찾을 수 있는 공통점이 아닐까 합니다. 물리적이라기 보다는 심리적으로 마음이 가벼워진 것이겠죠. 이것이 용서의 힘이요, 그래서 용서는 가해자 보다는 피해자인 나를 위해 필요한 것이 아닐까 합니다. 남아공의 대통령이었던 넬슨 만델라도 이와 유사한 맥락에서 다음과 같이 말합니다:"우리가 화해하지 못한 과거에 대해 진실을 추구하는 한 가지 이유는 견딜 수 없을 만큼 과도한 분노에서 벗어나기 위해서라고 나는 확신한다."[18] 저는 한국이 일본과 북한에 대한 마음도 제 어머니처럼 깃털 같이 가벼움을 느낄 수 있었으면 좋겠습니다.

---

18 모턴, 같은 책, 178.

정치적 혹은 국가적 차원에서의 용서와 화해

그렇다면, 이러한 용서와 화해는 정치적 혹은 국가적인 차원에서 적용이 가능할까요? 물론 '용서와 화해는 지극히 개인적이고 주관적인 경험이며 정치나 국가적 차원은 상황에 따라 다를 수 있다는 점에 유의하는 것이 중요하다'는 주장은 타당합니다. 정치와 국가적 차원에서 용서는 도덕적, 법적, 심리적 차원을 포함한 복잡하고 다면적인 개념으로 종종 개인의 치유와 사회의 광범위한 이익 사이에서 섬세한 균형을 유지해야 하기 때문에 현실성이 없는 것처럼 보이기도 합니다. 용서와 화해는 또한 정치적으로 도구화될 수 있습니다. 정부나 지도자는 용서를 여론을 조작하거나, 지지를 얻거나, 논란이 되는 결정을 정당화하기 위한 전략적 도구로 사용할 수 있습니다. 이러한 경우 용서는 진정한 화해보다는 피상적이되거나 편협한 정치적 이해관계에 부합할 수 있습니다.

하지만, 특히 국가 내의 분쟁, 인권 침해, 차별, 폭력 또는 정치적 전환과 관련된 상황에서 과거의 잘못을 저지른 개인이나 집단이 잘못을 인정하고 문제해결과 피해복구의 방법을 함께 모색하는 과정에 중요한 역할을 할 수 있습니다. 이것은 한 사회 내 또는 여러 집단 간의 분열, 갈등 또는 역사적 불의를 해결하고 치유하기 위해 정책, 토론을 통해 용서에서 화해로 나아가는 과정입니다.

용서와 화해는 국제 관계에도 영향을 미칩니다. 분쟁의 영향을 받은 국가나 커뮤니티는 국가 간 화해와 용서를 촉진하기 위한 외교적 노력에 참여할 수 있습니다. 이러한 노력은 지역 안정과 협력에 기여할 수 있습니다. 물론 이러한 용서와 화해는 종종 어려운 대화와 타협, 불편한 진실에 기꺼이 직면하려는 의지가 필요한 복잡하고 지속적인 과정이기 때문에 정부, 시민사회단체, 개인을 포함한 모든 이해관계자의 장기적인 헌신과 참여가 필요합니다. 김병로는 한반도는 상호존재인정과 미래지향적 관계개선에 대해서는 부분적으로 화해가 진행되었으나, 과거피해인정, 사과, 진실확인 등 초보적인 화해절차가 아직 시작되지 않았고 국가적 논의를 넘어서는 시민사회 수준에서 화해의 절차가 시작되어야 함을 지적합니다.[19]

---

19 김병로, "화해는 어떻게 가능한가?: 이론적 고찰과 한반도에의 적용", 통일과 평화

박명규는 한국사회에서 화해가 언급되는 네 가지 맥락으로 북한과의 관계, 식민지 유산 청산 및 극복, 국가폭력 희생자들, 사적 인간관계에서 오는 상처와 트라우마가 있다고 설명합니다. 그러면서 그는 화해의 세 유형을 '정치로서의 화해', '정의로서의 화해', '윤리로서의 화해'라고 명명합니다. 정치로서의 화해는 "갈등구조를 해체하고 화해의 조건을 창출하기 위한 기획과 실천에 중점을 두며", 정의로서의 화해는 "갈등구조가 해체된 이후에 추구되는 사회적, 법적 조치를 주로하며", 윤리로서의 화해는 "개인 내면의 평안을 찾는 과정"이라고 합니다.[20]

이러한 유형 분류는 필자가 몸담고 있는 아시안화해센터(ReconciliAsian)가 용서와 화해의 전제 상태인 깨어진 관계에 접근하는 세 가지 길(갈등, 정의, 트라우마)과 맥을 같이 하는 것이기도 합니다. 국가 차원(국가 내, 그리고 국가 간) 용서와 화해 과정을 이해하기 위해서 여러 가지 이론과 방법들이 있겠지만, 우리는 갈등전환(conflict transformation), 회복적 정의(restorative justice), 트라우마 이해와 회복탄력성(trauma awareness and resilience)이라는 세 가지 관점을 때로는 개별적으로 때로는 융합해 접근하고 있습니다.

---

vol. 11, no. 2 (2019): 39–74 DOI : 10.35369/jpus.11.2.201912.39

20 박명규, 용서와 화해에 대한 성찰 중 "평화와 화해: 책임정치와 심정윤리의 간극," (서울: 명인문화사, 2018), 139–143.

갈등전환

박명규는 '정치로서의 화해'를 설명하면서 진상규명이나 책임 소재의 다툼보다는 갈등의 구조해체, 악순환의 고리단절을 위한 전략적 행위를 고려하는 것이라고 합니다. 이것은 한반도의 평화나 한일 관계를 고려할 때 갈등전환이 기여할 수 있는 부분입니다. 갈등전환의 선구자인 노틀담대학의 석좌교수 존 폴 레더라크는 뿌리 깊은 갈등이 우리에게 던지는 두 가지 핵심 질문이 있다고 합니다:

우리 시대 갈등의 구조적이고 심리 사회적인 속성을 다루려면 어떤 개념 틀이 가장 유용할 것인가? 어떤 실천적 접근 방식과 행위가 이런 갈등을 평화적인 결과로 이끌며, 이런 결과를 유지하기에 가장 큰 잠재력을 가지고 있는가? 그 대답은 갈등 전환에 대한 포괄적이고, 통합적이며, 전략적인 접근 방식의 개발에 놓여 있다. 이런 접근 방식은 구조, 과정, 화해, 자원, 그리고 조정으로 파악되는 일련의 상호 의존적 관점과 행위로 구성된 개념 틀 위에 구축된다.[21]

레더라크는 자신이 제시하는 다섯 가지 접근 방식을 다음과 같이 설명합니다[22]:

1) 구조: 장기적인 갈등에 어떻게 접근할 것인가에 관심을 두고, 갈등에 영향을 받은 구성원들의 다양한 평화 구축(peace building) 행위에 초점을 맞추며, 갈등의 원인이 구조 속에서 어떤 역학 관계를 맺는지에 주목하는 두 개의 렌즈를 제공합니다.
2) 과정: 갈등의 장기적인 속성에 초점을 맞추어 평화구축 실천을 개념화할 시간과 지속 가능한 평화를 위해 갈등전환의 다양한 역할과 기능을 위한 공간을 만들어 제공해야 합니다.
3) 화해: 갈등전환의 핵심은 관계입니다. 한 사회 안의 다양한 사람들과 대립하는 사람들이 만날 수 있는 기회와 공간을 제공하여, 자신들의 아픈 과거를 표현하고 동시에 상호 의탁하는 미래를 그릴 수 있도록 돕습니다.
4) 자원: 재정자원을 확보하는 것보다 더 중요한 것은 평화 구축의 범주, 책임, 전략적 재정 지원, 사회문화적 자원에 대한 새로운 사고방식을 발전시키는 것입니다. 자원 활용에 있어 가장 중요한 요소는 갈등 예방과 갈등 이후 사회 재구성을 포함한 장기적인 전환의 과정에서 재정

---

21 레더라크, 같은 책, 207.
22 레더라크, 같은 책, 207-208.

을 집중시켜야 할 시점과 방법입니다. 평화 구축의 지지자를 파악하고 기본틀을 발전시키는 것도 매우 중요한 과제입니다.

5) 조정: 위 네 가지 접근방식이 교차 및 상호작용하면서 서로 긍정적인 영향을 줄 수 있는 메커니즘이 필요합니다. 조정은 평화 프로세스를 중앙에서 관리하려는 것이 아니라 의사 소통의 기능 및 접촉점을 만들어 내기 위한 것입니다.

이러한 접근 방식에 기초해 구체적으로 레더라크는 다음과 같은 제안을 합니다: a. 고위층과 풀뿌리 계층의 사람들 모두에게 영향을 줄 수 있는 '중간계층'의 사람들에 맞춰 이론과 실천을 개발할 것, b. 거대한 쟁점 보다는 긴급한 대응 활동이 가능하면서도 동시에 장기적인 관점을 가진 평화 구축 프로세스가 필요하므로 '하부체계' 전략을 세울 것, c. 화해는 관계구축의 결과만이 아니라 과정이기도 하기에 평화구축의 모든 단계에서 무게중심을 잡아주는 평화 구축의 중심요소, d. 갈라진 사회 속 뿌리 깊은 갈등의 핵심적 성격을 파악하고 관계를 다시 세우기 위해 감정적이고 심리적인 측면이 다루어질 수 있는 공간을 제공하는 혁신적인 방식이 발전되어야 함, e. 갈등이 진행되면서 나타나는 다양한 요소, 활동 수준, 그리고 행위가 서로 긍정적인 영향을 주고 받도록 돕는 조정은 평화 구축 전략의 효과적인 이행과 기반 구조 구축에 핵심적인 요소.[23] 이어서 레더라크는 일반적으로 제안하는 '중간

---

23 레더라크, 같은 책, 208-209

계층'과 '하부체계'에 초점을 맞추고 관계의 '화해'를 위한 공간과
시간을 마련할 수 있는 자원과 조정자들을 준비하는 것을 제안 합
니다.

결론적으로, 여기에 더해 우리가 귀기울여야 할 것은 그가 특
별히 한국어판 서문에 한국 상황에 유용할 수 있는 기본 원칙을
제시한다는 것입니다[24]:

1) 평화 만들기는 갈등으로 고통을 겪은 사회 모든 구성을 함께 아우르는
   상호 의존적인 작업이어야 한다.
2) 갈등과 폭력이 여러 세대를 걸쳐 축적되어 온 만큼, 평화를 만드는 일
   도 장기적인 전략을 수립해 현재 갈등에 창의적으로 대응할 수 있는
   플랫폼을 만들어야 한다.
3) 평화를 만드는 일은 궁극적으로 관계를 새롭게 정의하고 만드는 일이
   기 때문에 우리가 적이라고 생각하고 있는 사람들과 질적으로 더 향상
   된 관계를 상상할 수 있어야 한다.
4) 평화를 만드는 일에 가장 큰 도전은 오랜 분단에 기인한 정치적 문제
   의 복잡성이 아니라 변화가 가능함을 믿는 신념과 창의적인 능력을 갖
   추느냐 이다.

---

24 레더라크, 같은 책, 8-9

회복적 정의

박명규는 '정의로서의 화해'는 "갈등구조가 해체된 이후에 추구되는 사회적, 법적 조치"가 주된 내용을 이루는데, 그 목표는 "과거의 잘못을 밝히고 책임을 규명함과 동시에 희생자의 고통에 호응하면서 새로운 질서를 창출하는 것"이라고 합니다.[25] 그가 설명하는 '정의로서의 화해'는 가해자 처벌로 정의를 이룬다고 생각하는 응보적 정의가 아닌 피해자를 포함한 가해자와 공동체까지의 회복을 목적으로 하는 회복적 정의와 같은 의미라고 할 수 있습니다.

정의(Justice)의 정의(definition)가 마땅히 그러해야 할 바(what

25 박명규, 같은 책, 143.

ought to be)이라면, 가해자를 처벌함으로써 정의를 이룬다고 생각하는 응보적 정의는 마땅히 그러해야 할 관계 회복이라는 기준에 미치지 못하게 됩니다. 회복을 목적으로 하는 정의의 궁극적 목표는 피해자와 가해자, 그리고 공동체가 둘러 앉아 일어난 피해가 무엇인지 확인하고, 마땅히 그러해야 할 관계의 회복을 위해 함께 일하는 것이라 할 수 있을 것입니다. 이를 위해 바르게 기억하기(right remembering)와 그에 따르는 삶을 돌이키는 진정한 사과(repenting)가 반드시 거쳐야 할 과정입니다. 여기에는 진실을 말하고 역사적 불의를 인정할 수 있는 기회를 만드는 것이 포함됩니다. 진실을 드러내고 치유를 목표로 하는 용서에서 화해로 가는 과정에는 그 사건의 영향을 받은 모든 당사자들이 포함되며 소외된 목소리를 듣기 위해 노력합니다. 여기에는 협의, 공개 포럼, 의사 결정 과정에 다양한 관점을 포함시키는 것이 포함될 수 있습니다. 정의에 대한 회복 관점에서의 이해는 우리의 세계관을 바꿀 정도로 본질적인 것이고, 정의와 평화를 추구하는 이들이 가야할 방향을 제시해 줍니다.

　여기서 한 가지 기억해야 할 것은 갈등구조가 해체된 이후에 정의의 문제를 다루는 것이 국가간 용서와 화해의 여정에서 더 효능적일 가능성이 높다는 것입니다. 회복적 정의를 실현하는데 있어서 넘어야 할 큰 산들이 있기 때문입니다. 많은 경우 피해자와 가해자를 명확히 구분하기가 쉽지 않고, 또한 가해자를 대화의 자리에 앉히는 것이 어렵습니다. 명백히 드러난 범죄에 대해서도 죄를 시인할 줄 모르는 권력을 가진 자들이 자발적으로 피해자와의 대화의 자리로 나오는 것을 기대하기는 더욱 어렵습니다. 회복의 출발점은 바르게 기억하고 진상을 규명하는 것인데, 권력을 가진 범죄자들은 어떻게든 그것을 막으려 하기 때문에 여전히 회복적 정의의 사이클이 시작도 되지 못한 사건들이 많습니다. 아직까지 회복적 정의가 응보적/징벌적 정의(Retributive/punitive Justice)에 기초한 현재의 사법시스템을 완전히 대체할 수 없는 이유입니다. 회복을 위한 대화의 자리로 나오지 않는 자들에겐 여전히 응보적이고 징벌적인 정의에 기댈 수 밖에 없는 것이 현실입니다. 용서가 응보적 정의보다 우선시되어야 하는지, 아니면 그 반대인지에 대한 문제는 지속적인 논쟁의 대상이며 구체적인 상황에 따라 다를 것입니다.

그럼에도 불구하고, 우리가 반드시 잊지 말아야 할 질문은 '피해자들을 어떻게 회복시킬 것인가?'입니다. 우리의 목표는 가해자 처벌에서 멈추는 것이 아니라 그 너머 무너지고 깨어진 관계 회복을 위해서, 특히 피해자의 회복을 위해서 일해야 합니다. 갈등전환의 관점에서 레더라크도 우리의 근본적인 목적이 사람과 관계의 회복 혹은 치유에 있음을 강조합니다: "우리는 반드시 사람들의 치유에 대해 생각해 보아야 한다. 또한 그들을 분열시킨 증오와 폭력이 만들어 낸 관계들의 그물망을 재구성하는 것을 고려해야 한다."[26]

한국 근현대사 속에서 이러한 '사람과의 관계를 회복하는 과정'을 제대로 밟지 못했기에 끊임없는 역사왜곡과 진상규명을 막는 행위들이 아직도 자행되고 있다고 생각합니다. 갈등을 긍정적인 방향 및 에너지로 전환해 가는 과정 속에서, 혹은 회복을 목적으로 하는 정의를 이루어 가는 과정 속에서, 어찌하든 화해의 관문을 통과해야 합니다. 이 단계에서는 지금 직면한 문제가 불의 (injustice)와 관계된 것인가, 이권(interest)과 관계된 것인가를 분별하고 사안에 따라 각기 다른 과정을 밟게됩니다.

불의와 관계된 화해 과정일 경우, 1)불의를 인정하기; 2)공정한 회복을 위해 일하기; 3)장래 계획을 분명히 하기 등의 과정이 들어가며, 이익과 관계된 화해 과정일 경우, 1)어떤 이권이 개입되었는지를 분명히 하기; 2)가능한 옵션들을 모으기; 3)옵션들을 평가 및 선택하기 등의 과정이 들어갑니다.[27] 세월호 가족들이 내걸었던 수사권 및 기소권을 가진 특별법은 불의와 관계된 경우입니다. 반면, 대학입학특례나 의사자지정 등은 이익과 관계된 과정입니다. 특정 정당은 이 두 가지를 교묘하게 섞어 버려 국민들을 교란시켰습니다. 피해자에게 초점을 맞추고 일어난 피해를 회복

---

26 레더라크, 같은 책, 117.

27 Cooperative Resolution Flowchart ©2000 Duane Ruth-Heffelbower, adapted from Ron Claassen, Center for Peacemaking & Conflict Studies

해 가는 것이 정의를 이루는 과정입니다. 이권과 관계된 화해 과
정은 그 후에 밟아가도 늦지 않았을 겁니다.

Cooperative Resolution Flowchart

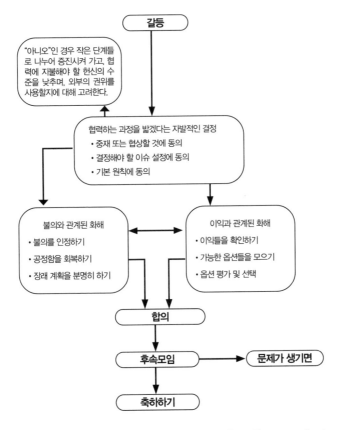

©2000 Duane Ruth-Heffelbower, adapted from Ron Claassen, Center for
Peacemaking & Conflict Studies

마틴 루터 킹 주니어 목사는 "정의의 실행을 오랜 기간 지연하는 것은 정의 자체를 거부하는 것이다(Justice too long delayed is justice denied)"라고 했습니다. 지금과 같이 긴장이 극고조로 올라 있는 동북아 상황 속에서 북한, 일본, 중국과의 진정한 관계회복을 위해서라도 용서와 화해의 과정을 밟는 정치는 아무리 강조해도 지나치지 않습니다. 그리스도인들은 성서를 기초로 해 역사상 있었던 식민주의의 피해를 어떻게 회복할 것인가를 고민하며 회복적 연대(Restorative Solidarity)를 핵심으로 구체적으로 어떻게 연대할 것인가 제시해야 합니다.

트라우마 이해와 회복

박명규는 '윤리로서의 화해'를 "개인이 지닌 내면의 불안, 증오, 우울을 극복하고 평안을 찾는 과정과 관련된다"고 설명합니다. 그는 의도적으로 정치와 정의로서의 화해와 대조시키기 위해 윤리로서의 화해를 개인적인 영역으로 제한해 설명하는 것 같습니다. 하지만, 우리는 여기서 특별히 트라우마에 초점을 맞추어 트라우마가 개인의 내면 뿐만 아니라 국가내, 국가간의 관계에도 영향을 미친다는 것을 확인하려고 합니다.

"트라우마는 지속적인 육체적, 감정적, 정신적 상처를 일으키는 하나 혹은 연속된 사건이나 사건에 대한 두려움"입니다.[28] 갈등

---

28 리사 셔크, 전략적 평화세우기:정의와 평화를 위한 비전과 틀, 김가연 역 (춘천:

과 불의, 가정폭력과 성폭력, 중독 등 트라우마로 인해 고통받는 많은 사람들을 만나게 되는데, 많은 경우 방치된 상태로 있는 경우를 보게 됩니다. 다이안 랭버그라는 학자는 오늘날 가장 우선되는(primary) 선교지가 트라우마라고 합니다.[29] 프랜시스칸 신부인 리차드 로어는 "방치된 아픔은 전이된다"[30]고 설파합니다. 사회 안의 많은 갈등은 트라우마와 깊은 관계가 있습니다. 트라우마는 개인, 시스템, 지역사회 및 문화가 지속가능하는데 있어서 실제적인 그리고 인지적인 위협이 됩니다. 트라우마는 자아 및 영적 발달을 방해하고 신체적 문제, 관계와 소통, 그리고 직업과 교육에 생산적으로 참여하는데 있어서 위기를 가지고 옵니다.[31]

때문에 리사 셔크는 평화를 위해 일하는 사람들에게 있어서 트라우마에 대한 이해와 회복의 중요성을 강조합니다:

> 트라우마를 이해하고 치료하는 회복 프로그램 없이, 혹은 최소한 피해자의 필요에 대한 감수성 없이 인도주의적 구호활동, 평화유지, 또는 협상과 같은 평화 세우기 절차를 이루어 내기 어려울 수 있다. 트라우마를 치

KAP, 2014), 59.

29 Langberg, Diane. *Suffering and the Heart of God: How Trauma Destroys and Christ Restores* (NC: New Growth Press, 2015), 13.

30 Rohr, Richard. *Adam's Return: The Five Promises of Male Initiation* (NY: The Crossroad, 2004), 26.

31 Ford, Julian D., Christine A. Courtois. *Treating Complex Traumatic Stress Disorders in Adults: Scientific Foundations and Therapeutic Models, 2nd ed.* (NY: The Guilford Press, 2020), 20–23.

료하지 않으면 공격적인 행동을 일으킬 수 있다. 남에게 피해를 주는 많은 사람들이 자신들이 피해자였다고 생각하거나, 혹은 아직도 스스로를 피해자로 생각하는 것은 결코 우연이 아니다. 트라우마 치료 프로그램은 피해자 스스로를 본인의 상황을 바꿀 수 있는 적극적인 피스빌더로 인식하도록 돕는다.[32]

트라우마가 한국사회에 미친 지대한 영향에 대해서는 따로 설문조사 응답이나 통계치를 대지 않더라도 한국사람이라면 인지하고 있을 것입니다. 박종운이 한반도 화해와 관련해서 회복적 정의에 관한 글을 쓰는 중에 트라우마를 떠올린 것은 매우 자연스러운 것입니다:

> 전쟁의 참화 속에서 남과 북이, 이념을 기반으로 서로에게 총을 겨누고 서로를 살해한 트라우마가 세대를 넘어 유전적으로 전이되고 있는 현 상황에서 '용서와 화해'에 대한 성찰은 우리의 인식을 전환시키고 어쩌면 DNA까지 바꾸어야 하는 지극히 어려운 작업일 수 있다. 그러나 평화적인 통일을 바란다면, 아니, 통일 이후에 평화적인 삶을 바란다면, '용서와 화해'는 우리가 반드시 넘어서야 할 과제이기도 하다. 서로에 대한 불신과 두려움, 트라우마를 극복하고 넘어서기 위해서는 '회복적 정의', '관계적 정의'의 관점에서 '사랑과 공의'를 재해석할 필요가 있다.[33]

---

32 리사 셔크, 같은 책, 60-61.

33 박종운, 용서와 화해에 대한 성찰 중 "한국교회 내에서의 회복적 정의와 화해," (서울: 명인문화사, 2018), 283-284.

김경숙은 아예 통일이후 트라우마에서 회복된 사회를 꿈꿉니다. "통일 후 북한사회의 거대한 사회적 트라우마를 치유하고 모두의 인간성을 회복하며, 보다 나은 미래를 구축해가는 데서 용서는 필연적으로 요청될 것이다"라고 하면서, "정치적 용서, 대인관계에서의 용서, 타인과 신, 세상을 향한 용서 등 다양한 차원의 용서 가능성을 촉진시킬 수 있는 자기용서는 트라우마 치유에서부터 시작된다"고 설파합니다.[34]

치유되지 않고 방치된 트라우마는 피해자를 끊임 없이 돌아가는 피해자-가해자 사이클에 가두고 자신과 타인들을 파괴하게 됩니다. 앞에서 언급한 이스라엘의 경우, 진정한 용서와 화해 과정을 밟고 있지 않다고 확신이 되는 이유는 이들이 팔레스타인에게 저지르는 만행이 자신들이 나찌에게 당한 것과 크게 다르지 않기 때문입니다. 이들은 피해자였으나, 홀로코스트의 트라우마에서 벗어나지 못해 끊임없이 스스로를 피해자로 의식합니다. 자신이 가해자가 되어 자신과 타자를 향한 폭력을 계속 이행하는 악순환 속에 스스로를 위치시키고 있음을 보지 못하는 것 같습니다. 이러한 악순환에서 벗어나는 길은 상황을 인정하고 애도하며 두려움에 대항하는 것입니다. 공동체는 트라우마 피해자와 함께 애도해줌으로 피해자-가해자 악순환에서 벗어나도록 도울 수 있습니다.

---

34 김경숙, 용서와 화해에 대한 성찰 중 "북한에서의 용서와 화해에 대한 성찰," (서울: 명인문화사, 2018), 220-221.

두려움에 맞서기 위해서는 우리의 두려움의 대상을 인지하고 인정하는 것이 중요합니다.[35] 다음은 제가 종종 홀로 고백하는 내용입니다.

- 나는 낯선 사람을 환대하기 보다는 두려워하기를 더 쉽게 합니다.
- 나는 폭력을 두려워합니다–상처를 싸매기 보다는 모른체하고 지나가기를 잘합니다.
- 나는 불안정을 두려워합니다–오늘 나누기 보다는 내일을 위해 쌓아둡니다.
- 나는 솔직히 자신을 드러내는 것을 두려워합니다–치료하고 돕는 말보다는 나와 다른 이들을 기만합니다.
- 두려움은 우리를 얼어붙게 만듭니다–그래서 평화의 하나님의 백성으로 자유롭게 움직이질 못합니다.
- 두려움은 우리를 도망자로 만듭니다–그래서 평화의 하나님의 백성으로 핍박에 당당하게 서질 못하게 합니다.
- 두려움은 우리를 다투게 만듭니다–그래서 하나님의 백성으로 사랑하지 못하게 합니다.
- 두려움은 우리를 우리만의 안전한 천국에 머물게 합니다–하지만 우리는 주님께서 우리를 그 이상의 목적을 위해 부르셨음을 잘 알고 있습니다.
- 두려움은 우리를 묶고 가둡니다–우리가 두려움을 가질 때, 상황이나 다른 사람들이 우리를 조정하도록 허락하게 됩니다.
- 사랑은 모든 두려움을 내어 쫓고 우리로 하여금 위기를 짊어지고 나가게 합니다. 우리는 먼저 사랑을 받았기 때문에 사랑할 수 있습니다.

---

35 캐롤린 요더, 트라우마의 이해와 치유: 폭력이 발생했거나 공동체의 안전이 위협받았을 때, 김복기 역 (춘천: 대장간, 2014), 93–94.

오늘날 두려움은 정치, 전쟁, 광고, 뉴스 등에 보편적으로 사용됩니다. 대중매체들은 방송이나 헤드라인을 통해서 모호한 위험을 느끼도록 합니다. 정치가들은 끊임없이 분쟁을 만들어 내면서 두려움을 조장합니다. 두려움은 가장 효과적으로 사람들을 조정하는 장치입니다.

그러므로 두려움이 나와 하나님, 타인, 자연, 그리고 나 자신과의 관계에 미치는 영향을 생각해 보아야 합니다. 두려움이 어떻게 나, 가정, 지역 공동체, 국가에 영향을 주는지 알아가는 것이 평화의 일군들에게 맡겨진 중요한 역할일 것입니다.

결론적으로 트라우마를 이해하고 치료하는 회복 과정은 평화 구축의 필수적인 부분입니다. 우리는 갈등 상황에서 당면한 이슈만이 아니라, 오랜 기간 지속된 트라우마와 상처, 그리고 과거의 불의(injustice)에 깊이 뿌리내린 느낌에도 초점을 맞추어야 합니다. 갈등전환도 회복적 정의도 결국 수면에 잠긴 빙산의 밑부분에 있는 트라우마를 다루지 않고는 그 소임을 다했다 하기 어렵다는 것이겠지요. 트라우마는 전문가의 도움과 동시에 공동체의 동행이 필요한데, 함께 애도하는 사람이나 공동체가 바로 변화하는 그리고 변화시키는 힘(transforming power)입니다.

그리스도인의 용서와 화해의 정치 참여

그렇다면, 그리스도인으로서 어떻게 이러한 용서와 화해의 정치에 참여할 수 있을까요? 기독교 메시지의 핵심은 용서와 화해이며, 세상 속에서 화해의 메시지를 가장 잘 전할 수 있고, 또 그렇게 살아내야 하는 그룹이 교회여야 한다고 생각합니다. 빌레몬-오네시모 이야기를 통해 복음이 개인구원에만 머무르는 것이 아닌 새로운 사회 질서인 "화해의 공동체"[36]를 이루는 것임을 설파

---

36 슈라이터는 화해의 공동체들이 세 가지 측면이 있는데, 첫째는 희생자들이 그 안에서 자신들의 상처를 살펴보고 탐구할 수 있는 지대(zone)가 있는 안전한 공동체들이고, 둘째는 과거의 고난이 구속되는 기억의 회복이 일어나며, 한 민족이 과거에 대한 공동의 기억에 이를 수 있는 기억의 공동체들이며, 셋째는 미래에 더 나은, 그리고 더 정의로운 세계의 묘목들을 키우는 희망의 공동체라고 제시합니다 (슈라이터, 135-137). 저는 이러한 측면들을 통합하는 것이 에베소서에 나오는 하나님의

하는 신약 교회의 비전을 오늘 우리가 살고 있는 21세기에 몸을 입고 뿌리내리는 도상에 교회가 위치해 있습니다. 그러기 위해서 교회는 바르게 기억하고(right remembering) 이웃사랑을 실천해 내야 하는 권리와 의무를 갖게 됩니다. 이러한 용서와 화해, 그리고 그것을 통해 이루어지는 평화에 대해 그리스도인들이 생각해 보아야 할 점들이 있습니다.[37]

1) 먼저 용서와 화해를 통해 오는 평화는 과정이라는 것을 이해해야 합니다. 종말에 있을 하나님의 완전한 통치 이전에 궁극적 평화는 완성될 수 없습니다. 우리는 그러한 평화로 나아가는 과정에 있을 뿐입니다. 그러므로 평화를 만들어 내는 도깨비 방망이(one-shot solution)는 없고, 궁극적 평화를 향한 길 위에 서는 신실함(faithfulness)만 있을 뿐입니다. 어느 날 뒤를 돌아보면 지나 온 그 길이 소소한 일상의 평화들로 채워진 길이었음을 깨닫게 될 것입니다.

2) 평화를 위한 전쟁이라는 것은 없다는 것을 이해해야 합니다. 전쟁은 지난 70년의 휴전기간 쌓아올린 남한의 모든 발전을 하루 아침에 허

감추어진 경륜인 새로운 사회, 새로운 질서, 새로운 왕국이며, 남자와 여자, 유대인과 이방인, 종과 자유인, 노인과 아이들의 벽을 넘어 정치, 경제, 사회, 문화, 종교, 군사, 가족의 영역에서 화해를 이루어 가는 공동체를 화해의 공동체로 명명합니다.

37 이 후 제시되는 7가지 고려할 점들은 필자가 2022년 2월 18일에 뉴스M에 기고한 글을 기본 틀로 약간의 수정을 거친 것입니다. http://www.newsm.com/news/articleView.html?idxno=23578&fbclid=IwAR3pmVVvQT9cCYLqIzYR1FMT-fhn8VguEnrXg1SAbPxO5DSlSh628casGek_aem_AUN-g70I5xmYHDD10ldIP6h8D7keQX7hH93euUv9z7vjU1GIwEsp8STsOaetIcMAx7ymzRU1M7a0-uNn59usvSju

물어 버릴 수 있다는 것을 기억해야 합니다. 핵을 가졌다는 것만으로 북한이 남한 보다 군사적인 우세를 갖게 되는 것이 아닙니다.[38] 지금 양국이 가지고 있는 무기만으로도 한반도는 충분히 초토화 될 수 있습니다. 무기증강을 통해 긴장은 올라가고 군산업체(military industry)들만이 이득을 챙길 뿐입니다. 그럼에도 한국에서 전쟁을 외치는 상당수가 교회출석자들이라는 것은 참으로 아이러니한 일이 아닐 수 없습니다. 하워드 진이 "달리는 기차 위에 중립은 없다"에서 전쟁에 관해 한 말은 울림이 큽니다:

"역사를 읽으면 읽을수록, 제2차 세계대전에 관해 생각하면 할수록, 나는 전쟁의 분위기가 거기에 말려든 모든 사람을 야수로 만들고, 양편 모두가 자행하는 잔학 행위 더미의 맨 밑바닥에 애초의 도덕적 요인(제2차 세계대전에서 분명히 존재하기는 했다- 무자비한 폭정과 야만적인 침략에 대한 저항 말이다)이 파묻혀 버리는 광신을 낳게 된다고 확신하게 되었다. 1960년대에 이르러 '정당한 전쟁'에 대한 과거의 나의 믿음은 산산이 흩어졌다. 세계에는 자유와 인권을 가로막는 사악한 적들이 분명히 있긴 하지만, 전쟁 자체가 가장 사악한 적이라고 나는 결론 내리고 있었다. 또 어떤 사회가 다른 사회보다 더 자유롭고 민주적이며 인도적이라고 마땅히 주장할 순 있지만, 그 차이가 현대적인 대규모적이고 무차별적인 살육을 정당화할 만큼 충분히 크지는 않다는 것도 내가 내린 결론이었다. 전쟁을 일으키는 모든 정부의 진정한 동기를 자세하게 따져 들어가선 안 될까? 그들은 언제나 민주주의를 위해, 자유를 위해,

---

38 김성해, 벌거벗은 한미동맹: 미국과 헤어질 결심이 필요한 이유 (원주: 개마고원, 2023), 60-61. 김성해는 〈US뉴스&월드리포트〉 2022년 10월 7일 자료에 따르면 정치 경제 군사력을 합해 한국은 세계 6위이고, 스톡홀름국제평화연구소(SIPRI)가 발표한 군사력 순위에서는 9위이며,. 글로벌파이어파워(GFP)의 순위는 6위, 2023년 4월 추정치 명목 GDP는 12위라고 인용합니다.

침략에 맞서, 모든 전쟁을 종식시키려고 싸우고 있다고 주장한다- 그러나 이건 국민들이 전쟁을 지지하도록 동원하기 위한 손쉬운 방편은 아닐까? 사실 사람들이 본능적으로 싸움을 원치 않기 때문에 절대적으로 그런 명분이 필요한 것은 아닐까? 나는 e. e. 커밍스의 시구를 가슴 깊이 새겼다.

> 나는 쾌활하고 덩치 큰 올라프를 노래한다
> 그의 따뜻한 가슴은 전쟁을 보고 뒷걸음쳤다"[39]

3) 평화로 가는 길은 평화 뿐입니다. 성서에는 성전(holy war)과 평화만이 나옵니다. 정당한 전쟁(just war)이라는 것은 없습니다. 전쟁은 언제나 군인들이 아닌 연약한 시민들에게 가장 큰 피해를 입힐 뿐입니다. 우리는 카메라를 통해 생중계되는 우크라이나와 러시아, 하마스와 이스라엘의 전쟁을 보며 이것을 생생히 목도하고 있습니다. 거룩한 전쟁의 근거는 구약에서만 찾을 수 있습니다. 신약 성서에 나오는 예수를 통해 드러내신 하나님 자신의 모습은 천군천사를 불러내는 대신 어린양 같이 십자가를 지시는 것이었습니다. 교회가 제국의 전쟁에 참여하도록 변질시킨 신학과 거기서 얻은 권력과 돈은 교회를 부패시켰고, 그러한 크리스텐덤 체제(Christendom)는 1500년이 넘도록 여전히 교회의 정체성과 미션을 뒤흔들고 있다는 것을 기억해야 합니다. 로마황제가 칼로 이룬 팍스로마나가 아닌 자신을 죽이시는 십자가로 통치하시는 하나님으로 역사와 성서전체를 다시 읽는 포스트-크리스텐덤 해석학(post-Christendom hermeneutics), 평화의 해석학이 필요합니다.

4) "평화를 만드는 사람들(peacemakers)은 단순히 폭력을 멈추기 위해

---

39 하워드 진, 달리는 기차 위에 중립은 없다:하워드진의 자전적 역사에세이 (고양: 이후, 2016), 186.

일하는 것이 아니라 정의롭고 지속가능한 평화를 뒤받침하는 구조를 만들기 위해 일합니다."[40] 용서와 화해는 개인적인 차원과 함께 구조적인 차원이 있습니다. 많은 경우 피해자에게 먼저 용서를 이야기하는데, 이것은 용서라는 이데올로기지 진정한 의미의 용서가 아닙니다. 개인 차원의 용서가 그 자체로 아름다운 행위이긴 하지만, 그와 함께 따라와야 할 정의와 공의에 대한 이야기 없이 개인적 용서의 행위만으로는 성서의 정신을 온전히 반영할 수 없습니다. 흑인 인종차별이나 아메리카 원주민 말살, 일본군위안부나 세월호 참사, 이태원 참사 등을 접근할 때 용서와 화해를 정의와 평화와 함께 바라보고 이해하는 구조적인 측면도 간과해서는 안됩니다. 이런 노력과 이해 없이는 피해자에게 일방적인 용서를 강요하기 쉽습니다. 피해자가 납득할 만한 사죄나 보상 혹은 진실 규명 없이 일방적으로 용서를 강요하는 것은 부당합니다. 이것은 언제나 용서를 가장한 폭력이 될 위험을 안고 있습니다.

5) 시민들의 문화교류나 다양한 대화를 위한 시도, 인도적 지원이 중요한 것처럼, 한반도 평화를 위해 무력보다는 대화와 협력을 통한 화해의 길을 선택하는 정부를 선택하는 것도 중요합니다. 하나님께서는 대통령 후보 중 선호하는 사람이 있으실까요? 미국대선을 앞두고 기고한 글에서 론 사이더는 "그렇다"고 합니다:

"하나님은 사회의 모든 영역에서 샬롬(온전함, 평화, 정의, 선)이 이루어지도록 일하신다. 그 분은 어떤 후보가 보다 더 이러한 샬롬을 증진시키는데 힘쓸 것인지 알고 계시지만, 그(녀)가 누구인지 드러내시질 않으신다. 그러므로 성경의 원칙들과 우리가 수집할 수 있는 가장 정확한 자료들을 가지고 그 사람이 누구인지를 분별해 내는 중한 책임이 우리

---

40 리사 셔크, 같은 책, 15.

에게 있다. "

예수를 따르는 우리에게 이 원칙은 대선 뿐만 아니라 국회의원을 선출하는 총선에도 적용될 수 있습니다. 후보자의 발언, 정책, 진정성(integrity)을 숙고하며, 친구들과 이야기를 나누고 기도해야 합니다. 그리고 말로만 기독교인이라 하는 사람 보다는, 기독교인이 아닐지라도 하나님의 샬롬의 역사에 조금이라도 더 참여하고 있는 사람을 선택해야 하지 않을까요?

한반도를 둘러싼 열강들의 파워게임 가운데 한국 정부는 한반도 평화를 위해 어떤 역할을 해야 할까요? 한반도의 문제는 남북한 문제 만큼이나 북한과 미국의 갈등이라는 것은 분명합니다. 한국 전쟁(Korean War) 종전 70주년이 지나갔습니다. 미국에선 한국전쟁을 "잊혀진 전쟁(The Forgotten War)이라고 부릅니다. 2차대전과 월남전 사이에 끼인 그닥 기억에 남지 않는 전쟁이라는 뜻이겠지요. 미국의 가장 중요한 동북아 전략 요충지가 한반도라는 사실과 그동안 미국 정부가 한반도에서 벌여온 행태에 비해 미국인들의 한반도에 대한 관심도가 이렇게 낮은 것은 아이러니가 아닐 수 없습니다.

한국전쟁이 70년이 지나도록 종전되지 않는 가장 큰 이유는 바른 기억의 부재가 우리를 무관심으로 이끌었기 때문입니다. 이 과정 중에 한국인들에겐 전쟁 트라우마, 미국인들에겐 정부의 대외정책에 대한 무지함이 큰 역할을 했습니다. 그러므로, 바르게 기억하는 것(right remembering)과 트라우마의 아픈 기억을 견뎌내는 것(remem-bearing)이 한반도 평화를 여는 첫번째 관문이 될 것입니다. 그리고 바르게 기억하기 위해 사실을 직면할 때 오는 아픔 또한 짊어져야 하겠지요.

그런 관점에서 미국의 한반도 정책을 이야기 하지 않을 수 없습니다. 미국의 군산복합체-정치-미디어가 한 통속으로 한반도 평화를 원하지 않는다는 것은 자명한 일입니다. 미국의 태평양으로 진출하려는 중국

에 대한 견제를 위해서 미군의 한반도 주둔이 필요하며, 그러기 위해서
는 한반도에 어느 정도의 긴장이 존재해야 하며, 그러한 긴장으로 인해
대량 무기판매도 가능하다는 것은 깊이 숙고 하지 않아도 알 수 있습니
다. 미국은 한반도에 완전한 평화를 원하지 않는다는 것이죠. 백번 양
보해서 최강의 국력을 가진 제국이라는 이름을 빼고 국가는 본질상 이
기적이며 미국은 자국 이익을 위해 일하는 하나의 국가일 뿐이라고 주
장하는 사람들에게 동의한다 할지라도, 그렇다면 이들은 미국을 위해
서 그러는 것일까요, 아니면 자기 배를 채우기 위해서 그러는 것일까
요. 그들이 벌어들인 소위 평화비용은 어디로 가는 것일까요? 맘몬-
국가주의-자기 배(확장된 자아로서의 가족중심주의 포함)연합체가 투사
되어 제국의 틀을 유지하기 위해 나온 것이 미국의 군산복합체와 전쟁
입니다.

미국과 중국이라는 두 제국 사이에 한반도가 어떻게 평화체제를 구축
할 것인가를 고민해야할 정부는 이러한 현실을 직시하고 중재자 혹은
조정자(mediator)로서의 어려운 길로 방향을 잡아야 합니다. 중재자는
언제나 양쪽에서 비난을 받을 수 있다는 위기를 짊어지게(risk taking)됩
니다. 평화를 위해 평화의 길을 선택하는 정부를 선택해야 합니다.

6) 용서와 화해의 정치는 여론과 사회적 기억의 영향을 받습니다. 용서
와 화해에 대한 대중의 지지 수준, 과거 사건에 대한 인식, 한 국가
의 역사에 대한 집단적 기억은 모두 용서와 화해에 대한 정치적 담론
을 형성할 수 있습니다. 우리는 그것을 '바르게 기억하는 과정(Right
Remembering)'이라고 할 수 있을 것입니다. 특히 미래 세대가 과거를
인식하고 유사한 갈등이나 불의를 예방하기 위해 노력하도록 언론과
교육의 역할이 중요합니다. 고 노무현 대통령은 지금 한국사회의 가장
큰 권력이 미디어라고 하며, 그래서 대통령 답지 않다고 욕을 먹으면

서도 임기 5년 동안 언론과 싸운 이유가 그것을 드러내기 위함이었다고 했습니다. 누가, 무엇을, 어떻게, 왜 기억할 것인가를 언론이 결정하는 사회라면, 언론을 가장 큰 권력이라고 진단한 그의 말은 사실일 것입니다. 반대로, 언론이 역사적 부정의와 인권에 대한 교육을 장려하면 이해와 공감을 증진하는 데 도움이 될 수 있습니다.

7) 평화나 통일 같은 거대 담론을 이론화 하다보면 해결점이 없는 것처럼 보여 평화에 비관하고 무력에 의한 통일을 주장하기 쉽게 됩니다. 하지만, 그러한 거대 담론들을 성취 가능한 작은 실천들로 작게 잘라내어 하나씩 완수하고 축하하는 과정을 밟다 보면 생각보다 우리가 훨씬 더 평화에 가까이 와 있음을 깨닫게 됩니다. 이제까지 한반도 평화와 교류를 위해 일해 온 사람들의 수고와 노력이 바로 그 증거라고 할 수 있겠습니다. 여기서 중요한 것은 사람입니다. 월터 브루그만은 그의 책 〈예언자적 상상력〉에서 예수가 제국과 달리 사람들에 대한 측은지심(compassion)이 있었기에 그의 삶 자체가 제국에 대한 비판이 되었다고 설명합니다:

"예수는 소외된 자들과 연대하면서 측은지심(compassion)을 갖게된다. 측은지심은 [그들이 받은] 상처가 심각하게 다루어져야 한다고 선언하기 때문에 [로마제국과 당시 사회에 대한] 하나의 급진적 비판 형식이라 할 수 있다."[41]

측은지심이라는 개념과 실천이 그의 신학에 있어서 어떤 자리를 차지하는지 그는 설명합니다.

"측은지심은 내 신학에 있어서 매우 중요하다. 로마제국은 다른 모든 제국과 마찬가지로 측은지심을 살아낼 수 없었다. 우리가 살고 있는 자본주의 사회도 측은지심을 살아낼 수 없는 사회이다. 어떤 공동체나 사

---

41 월터 부르그만, 예언자적 상상력 (복있는사람, 2009),

회도 측은지심을 실천하지 않으면 유지되기 어렵다. 측은지심이 없으면 모든 관계는 두려움을 실천하는 것이 되기 때문이다. 다시 말하지만, 두려움에 기초한 관계는 유지되기 어렵다. 측은지심은 두려움의 악순환을 끊는다."[42]

이론에 머무르는 것이 아닌 한 사람의 약자를 향한 측은지심은 제국을 무너뜨리는 힘이었으며, 그것은 오늘날도 여전히 진리입니다.

---

42 양재영, "정의평화가 교회의 예언자적 사명", 뉴스M, 2015. 05.04. http://www.newsm.com/news/articleView.html?idxno=4917&page=5&total=148

나가며

아버지가 돌아가신 후, 어머니는 신학공부를 하시고 일본에 선교사로 가셔서 교회를 개척해 17년을 그곳에 사셨습니다. 은퇴하시고 재작년에 한국에 돌아와 남은 삶을 조국에서 보내고 싶으셨지만, 지난 해부터 치매로 많은 기억을 잃으셨습니다. 할머니와 가족들의 핍박도, 그들의 회심도, 할머니와 있었던 화해의 사건들도 모두. 저는 가끔 어머니가 하나님과의 기억들 마저도, 어머니가 경험한 하나님의 용서의 기억들도 잊으셨으면 어쩌지 하는 걱정을 하곤 합니다.

사람에게 기억이 차지하는 무게는 얼마나 될까요? 어쩌면 기억은 존재 자체가 아닐까 합니다. 그러기에 누군가의 기억을 붙들고 지키려는 행위는 그 존재를 보호하려는 사랑의 행위가 될 것입니다. 기억 이전의 신생아인 저를 어머니가 붙들고 있었던 것처럼, 기억 이후를 살고 있는 어머니를 저 또한 붙들어야 한다는 것을 알고 있습니다. 어머니의 그 기억들을 대신 제가 기억해야 하겠다는 다짐을 합니다. 어머니가 가족에게 심한 학대를 당하면서도 그들을 용서하고 매일 그들을 위해 기도하는 모습을 10년 넘게 목격했던 기억, 기독교인이라는 이유로 그녀를 핍박했던 가족들이 모두 개종하여 기독교인이 된 기억, 원수를 용서하라는 예수님의 가르침의 핵심에 대한 이해를 깊게 형성해 준 어머니에 대한 기억, 그리고 그 용서의 근본적인 힘이 기도였다는 기억을 말입니다.

무엇보다 하나님께서 그렇게 어머니를 기억하고 계실겁니다. 선지자 스가랴의 이름의 뜻은 '야훼께서 기억하신다'입니다. 스러져가는 자신의 백성들을 하나하나 기억하셔서 그(녀)의 기억을 대신 붙들어 지키시고 계신다는 뜻일 겁니다. "네가 기억을 잃는다 해도 두려워하지 말기를… 내가 대신 너를 기억해줄게… 너의 과거, 현재, 미래, 전 존재를…그리고 내가 널 용서했음을…" 하나님의 기억 속에는 우리의 죄목록이 아닌 용서 만이 남아있으며, 그러기에 하나님의 용서는 무한하십니다. 그 분은 언제나 우리를 그 용서하고 용서 받는 밥상으로 초대하십니다. 아무도 제외되지 않는 그 화해의 밥상으로. 어머니는 거기서 밥을 물에 말아 혼밥하지 않으실 겁니다. 그리고 일본의 피해자인 한국도, 한국의 피해자인 베트남도, 극심한 전쟁 트라우마에 시달리는 한반도에도 누가 어떻게 용서와 화해의 길을 선택해 걸었는지 하나님께서는 그 식탁에서 바르게 기억하실 것입니다.

■ 저자소개 ────────────────────

구양모(yku@norwich.edu)

ROTC가 처음 설립된 미국의 가장 오래된 사립사관학교인 Norwich 대학 정치학과 부교수로 일하면서 동대학 소재 평화전쟁연구소 부소장을 겸하고 있다. 미국 아메리칸대 국제대학원 조교수를 역임하였으며, 서강대학교에서 독문학 학사 학위를 취득하고 조지워싱턴 대학에서 국제관계학 석사와 정치학 박사를 받았다. 주요 연구 분야는 북한 핵문제/경제개혁, 동북아 안보, 미국 외교정책, 적대국가간 기억과 화해의 정치이며, 공저로 *Politics in North and South Korea: Political Development, Economy, and Foreign Relations*가 있다. *Journal of East Asian Studies, Asian Perspective, Pacific Focus* 등의 학술지에 다수의 논문을 게재하였다. 그리고, *Journal of Peace and War Studies* 학술지의 초대 편집장으로 일하면서, Voices on Peace and War 라는 Norwich 대학 포럼을 운영하고 있다.

안태형(brianahn14@gmail.com)

서울대학교에서 역사학을, 연세대학교에서 정치학을, Florida International University에서 국제관계학을 공부했다. 이후 서울의 한반도미래전략연구원과 LA의 통일전략연구협의회에서 미국외교정책, 동아시아 국제관계, 한반도 문제, 국제관계이론 등을 연구하고 있다. 최근에는 현대정치철학과 사회이론을 한반도 문제와 접목시키려는 노력을 하고 있다. UC Irvine에서 방문학자를 지냈으며 미주민주참여포럼 (KAPAC)에서 한반도평화를 위한 공공외교 활동에 참여했다. Pacific Focus와 North Korean Review 등을 포함한 여러 학술지와 연구서에 10여 편의 논문을 기고했다.

이인엽(inyeoplee@tntech.edu)

서울대 국제대학원과 조지워싱턴대 엘리엇스쿨에서 석사학위를 받았고, 조지아대학(University of Georgia)에서 클린턴 정부와 부시 정부 시기 미국의 대북 정책을 주제로 국제정치 박사학위를 받았다. 현재 미국 테네시테크 대학에서 조교수로 근무하며 국제정치를 가르치고 있으며, 주요 연구 분야는, 북핵문제, 동아시아 국제관계, 미국 외교정책 등이다. "Politics in North and South Korea(2018)"를 공저 하였고, Pacific Focus, Korean Observer등의 저널에 논문을 출판하였다.

한기호(hankiho@ajou.ac.kr)

연세대학교 일반대학원에서 북한 개발협력의 제도적 개선에 관한 사회화 통합이론 연구로 통일학 박사학위를 받았다. 남북관계의 현장과 이론의 조화를 중시하며, 통일부 서기관과 유네스코 지속가능발전교육(ESD) 한국위원회 위원, (사)북한연구학회 대외협력이사를 역임하였다. 현재 아주대학교 아주통일연구소의 연구실장(연구부교수)로 재직 중이다. 주요 연구 및 저서로는 『분단의 힘: 경계가 지배하는 한반도』(선인, 2023), 『AIU연구총서1 다음세대를 위한 남북주민통합 : 접촉 · 일상 · 공존』(한국학술정보, 2024), 『북한의 복지 분야 지속가능발전목표(SDGs) 달성을 위한 남북한 교류협력 방안 연구』, 한국보건사회연구원(공저, 2020), The Perpetuated Hostility in the Inter-Korean Rivalry, *KOREA OBSERVER*, 49-2(공저, 2018) 등이 있다. 국립외교원 제7회 학술논문상 최우수상을 수상하였다.

허 현(ReconciliAsian@gmail.com)

평화의 왕이신 예수 그리스도를 따르는 사람들인 교회는 어떤 모습이어야 할까. 가정과 교회, 지역사회와 국가, 그리고 세계 속에서 우리는 어떻게 좋은 이웃이 될 수 있을까. 그러한 질문의 길을 찾아가며, 미국 메노나이트 교단 소속으로 LA에서 한인 메노나이트 교회와 다민족 교회의 lead pastor로 섬긴 바 있다. 또한 Anabaptist Mennonite Biblical Seminary(AMBS) 이사, 미국 메노나이트 교단 Journey Forward reference team으로 섬겼다. 현재는 아시안화해센터(ReconciliAsian)의 co-director, Ignis Community 이사, AMBS와 한국의 기독연구원 느헤미야가 공동으로 진행하는 MA Theology and Global Anabaptism 프로그램의 Liaison으로 섬기고 있다.